天皇と神道の政治利用

明治以降の天皇制の根源的問題

思索者21
[代表:土屋英雄]

花伝社

天皇と神道の政治利用——明治以降の天皇制の根源的問題◆目　次

第二部　明治維新以降の政治利用：国家神道の創設

第四部　判例の分析

資料

序説　「日本固有」という問題

天皇と神道を政治利用した明治憲法下への回帰を志向する者たちが頻繁に使用する言葉がある。「日本固有のもの」、「日本の伝統」である。

かねて自民党支持を公言し、中曽根康弘とも親しかった哲学者の梅原猛は、1984年7月、官房長官の私的諮問機関「閣僚の靖国神社参拝問題に関する懇談会」の委員に選ばれた。この懇談会は、当時の首相の中曽根が、自身の靖国神社公式参拝を目論んで設置したものである（「靖国神社公式参拝」問題の詳細は、本書の第三部第4章第2節を参照）。

しかし、自分の学問的良心と戦時中の体験からか、梅原は、公式参拝に賛同しなかった。公式参拝を合憲とする懇談会の報告書が提出された後、梅原は、国家神道は日本の伝統ではないとして、こう論じている。「国家神道なるものはヨーロッパから輸入された国家主義の日本版にすぎず」、「あまりに日本的でなさすぎる」ものであり、「靖国神社にシンボライズされる明治の国家神道は、けっして伝統的な神道ではない」（『ジュリスト』848号、1985年、14〜15頁）。

梅原は、この20年前にも、自らの体験を踏まえて、靖国神社は、生から死への定まった周遊コースの終着点であり、戦争の神社、死の神社であると論じていた（「『固有神道』覚え書き」『思想の科学』1965年9月号、『梅原猛著作集・第3巻』集英社、1982年、237頁以下に収載）。こうである。

「われわれにとって神は黒い記憶の対象なのである。氏神のまします鎮守の森は、われわれにとって楽しいお祭りの場所であるより、出征兵士を送り出した思い出の場所である。そこでわれわれは、父や、兄や、友や、弟を戦陣へ送ったのである。そして彼らのうちの幾人かはもはや二度と帰って来なかった。故郷の家へ帰って来なかった彼らは、その代りに靖国神社へ行ったのである。氏神と氏神の総本山のような役目をした伊勢神宮は、靖国神社に通じる門の役割をしたのである。行キハ氏神、帰リハ靖国が、戦時中の若者がたどらなければならない定まった周遊コースであったが、われわれはこのような生から死への周遊コースを承認出来ない以上、この生から死への道を許したというより、奨励した神なるものを許すわけにはゆかないのである」。

そうして、梅原は、こうした神道は日本古来のものでなく、明治の直近の江戸時代の国学者たちによって創作されたものであり、そもそも「固有神道という言葉」は、「賀茂真淵によって始められ、平田篤胤により大成された国学によって用いられた言葉である」と言う。「この篤胤によって大成された固有神道と称する国学者の神道が、明治以後の日本の神道を専ら支配した」のであり、神道を政治に従属させたのは平田国学であったと、梅原は論じる。

また、梅原は、国学者たちによって創作された固有神道でなく、日本古来からの「真の固有神道」について、こう説く。「固有神道において、存在するものは自然を規範として考えられている。わが国には、人間を自然と対立させる考えはない。人間を始め動植物も、すべて生きとし生けるものとしてそれは自然の一部なのである。自然がむしろ生けるものとして考えられている。古代日本人にとっては木立も、草の片葉も、人間や動物と同じようにものを言うものであった」。「この生命としての自然の原理、すべての自然を、自然として存在させる霊妙な言いがたい力を、日本人は神として崇拝したのであった。古来の日本人にもっとも崇拝された神、竜田《たつた》の神と伊勢の神は風の神、三輪《みわ》の神は山の神であり、広瀬の神は河の神であった。つまり、神は何よりも日本人にとって、自然の神、山の神、風の神、河の神であったことに注意する必要があろう」。

さらに、梅原は、「神道の価値の中心は、明らかに清浄という価値である」として、吉田兼倶『唯一神道名法要集』の「隠教名法、謂内清浄、顕教化儀、謂外清浄」、林羅山『神道伝授』の「心の清きは神のましますま故也。鏡の清く明なるが如し。弥清くする故に、鏡の中の、にごりのガをのけて、カミと申也」、吉川惟足『神代巻家伝聞書』の「心ノ妙体ハ本元虚々霊々清浄潔白鏡ノ内証也。然ルヲ邪欲妄念ノ塵埃ニ穢サレテ六根六境ニ迷フ程ニ心身唯一ノ祓ヲ修シテ其穢ヲハラヒアラフソ」などを引用している。そうして、梅原は、「流派は違っても、すべての神道において、価値論は共通である。それは、清浄という価値を価値の中心におき、そして穢れの価値を反価値の中心に置く点である」とし、この価値論の実体を知るには、数多くの祝詞のなかでも「六月晦大祓」の祝詞を見るのが重要であると論じる。

つまりは、梅原における「真の固有神道」のキー・タームは、「自然」と「清浄」であるわけである。

しかし、問題はここで終わらない。つまり、梅原のいう「真の固有神道」が、はたして「日本固有」のものであったのかという問題である。この問題を探究したのが、道教研究の泰斗の福永光司である。梅原と福永は、同じ京都学派系の学者であるが、梅原は、福永の論著に何ら言及していない。この点はともかくとして、福永の研究の全体像を知るには、多数の専門的な論著を読むしかないのであるが、ここでは、福永が著した二冊の一般書を取り上げて、簡潔にみてみる。その書とは、『道教と日本文化』（人文書院、1982年）と『道教と日本思想』（徳間書店、1985年）である。

福永は、大量の道教の経典・文献を読破し、日本との綿密な文献学的照合によって、次の七つの事項は、古代日本が、それより古い中国の古代道教からの導入ともいえる大きな影響の下でもたらされたものであることを明らかにしている。

（1）「天皇」という語。日本の古代史で、「天皇」の語が、初めて見えるのは、607年、推古女帝の丁卯の歳に造られたという法隆寺金堂の薬師寺像に刻まれた「池辺大宮治天下天皇」の「天皇」であるといわれる。これ以後、「天皇」の語は日本の古代文献に多く用いられるようになった。

（2）天皇の位を象徴する二種の神器の「鏡」と「剣」。最初は、二種の神器であったが、後に、玉（八尺瓊勾玉）を加えて三種の神器となった。

（3）天皇ないし皇室が重んじる紫の色。
（4）皇室の祖先は天上世界から降臨し、天皇は現人神《あらひとがみ》である。
（5）天皇の長寿を祈願する祝詞の文章。
（6）天皇が宮廷で行なう四方拝の儀式。
（7）日本の神道。「神道」という中国語が日本の古代文献で最初に用いられるのは、720年に成った『日本書紀』である。これより8年前に成った『古事記』では、まだ用いられていない。

（1）について。中国の宗教思想史において、「天皇」の語が宇宙の最高神を意味して初出するのは、紀元前1世紀、前漢の終り頃である。中国における「天皇」の概念は、中国古代の天文学で天体観測の基準となる北極星を神格化したものであり、宇宙の最高神であるとされている。

（2）について。真人を天上の神仙世界の高級官僚として侍らせながら、紫宮に宇宙の最高神として住む天皇〔天皇大帝〕の聖なる権威を象徴する二種の神器が鏡と剣であるという記述は、中国において、6世紀、六朝の梁の時代の道教の天師である陶弘景の著作のなかに初めて見えるが、しかし、二種の神器を天皇の聖なる権威の象徴とする信仰思想は、梁の陶弘景よりも以前、3～4世紀の魏晋の時代において既に成立していた可能性も十分考えられる。日本では、後に、二種の神器に玉が加えられて三種となったが、この三種についても、中国の漢代の墓から、鏡、剣、玉の三点セットが発掘されている。

（3）について。道教は、（2）に出てくる「紫宮」の名称に見られるように紫色を重んじる。対して、中国の儒教の古典『論語』（陽貨篇）では、「紫の朱を奪うを悪《にく》む」とあり、紫色を賤しい色としている。

（4）について。天孫降臨の思想は、中国では古く『詩経』大雅「崧高」の詩などに原型が見え、それらを継承して、道教の教理学においてもまた天皇大帝の命令を受けた神仙もしくは真人・真君が天上世界から地上の世界に降臨し、道徳的に頽廃し、もしくは君主の悪政に苦しむ人民たちを救済し、地上の世界に「大和」と「太平」を実現するための教誡を授けるという宗教哲学が重要な地位を占めている。たとえば、2世紀半ばの道教の経典『太平経』（『太平清領書』）のなかにも、天孫降臨の思想が見えており、『魏書』釈老志などにも、道教の神仙である太上老君が天上の神仙世界から地上の世界に降臨する話を載せている。「降臨」という語も既に4世紀頃に成立した道教の経典『霊宝五符序』などに見えている。

（5）について。日本古代の宮廷において、大祓の日に天皇の長寿を祈願する「東西の文部の祝詞」が読まれているが、この祝詞は文中に「皇天上帝」、「三極大君」、「東王父」、「西王母」などの神名が見えていることからも明確なように、中国における道教の祝文をそのまま採り入れたものであることは疑いの余地がない。中国の道教において長寿を祈願する祝文は、その原型を『書経』金縢篇に載せる武王の長寿を祈願する周公旦の祝文などに見出すことができるが、文中の「皇天上帝」は、天皇大帝と同一の神格である。また、「三極大君」は『易経』の「三極」（天・地・人）を神格化したもの、

「東王父」、「西王母」は、漢・魏の時代に造られた長寿を祈願する銅鏡の銘文などにも多く見えている。この大祓の祝詞の文章は、日本古代の天皇の信仰思想が、その源流を中国の道教の神学〔教理学〕における天皇〔天皇大帝〕に持つことを最も有力に立証するものと見ることができよう。

（6）について。1月元旦に天皇が宮中で行なっている四方拝の儀式は、これこそ中国における道教の宗教儀礼をそのまま日本の宮廷に持ち込んだものであり、北斗七星のうち、生まれ年の星〔本命星〕の名とアザナとを、たとえば丑歳に生まれた者が、北斗の第二星の名〔巨門〕とそのアザナ「貞文子」とを唱えて、自己の身命の護持を祈願しているのなどは、道教の経典である『北斗本命延生真経』、『北斗二十八章経』、『七星移度経』などにその具体的な記述が見えている。平安時代の宮廷における四方拝の儀式では、「北斗の呪」を唱え終えた後、天皇は「天地を拝する座」において、北向されて天を拝し、ついで西向されて地を再拝するとあるが、北向して天を拝するというのは、皇天上帝が北に在るからである。

（7）について。日本における神道もしくは神道学と中国における道教の教理学〔神学〕との関係であるが、『日本書紀』で初めて用いられている「神道」の語が、その書において現人神としての天皇と関連づけて用いられていること、また、外来の「仏法」に対立する語として用いられていることからも明らかなように、中国の道教で古くから用いられている「神道」の語を強く意識して採り入れたものであることは、断定して大過ないであろう。

中国の思想史で「神道」の語が初めて見えるのは、『易経』の観卦の彖伝〔「天の神道に観て四時忒わず、聖人は神道を以て教を設けて天下服う」）であるが、この語が神仙の道ないしは宗教的な世界の真理一般を意味して、中国道教思想史の上で重要な地位を占めるようになるのは、2世紀、後漢の時代からである。『太平経』のなかに多く用いられている「神道」の概念がそれであり、ここで「神道」の概念は、「神明の道」もしくは「清く明らけき天神の真理の教」（「清明之神道」）などと説明されており、仏教がインドから伝来する以前の中国固有の土俗的・宗教的な信仰や思想、さらには教理や儀礼を総称する概念として用いられている。そして、『太平経』のこのような「神道」の思想を継承する2〜3世紀の張角や張魯、5世紀の寇謙之や陸修静、6世紀の陶弘景らの道教思想になると、この「神道の教」は「仏道の教」に対する中国古来の「惟神—神ながら—の道」（「惟神の道」という成語は『晋書』隠逸伝序に「惟神の之常道」とある）として、『詩経』、『書経』の上帝信仰以来の宗教的な伝統性が強調されるようになる。

『日本書紀』で初めて用いられるようになった「神道」の語は、このような中国の道教で古くから用いられている「神道」の概念をそのまま採り入れて、日本に仏教が伝来する以前の土着的・伝統的な呪術宗教的信仰や思想を包括して総称する言葉として転用されているわけである。したがって、それ以後の日本の宗教思想史において天皇や伊勢神宮が思想的に問題とされ、日本神道の教理学が宗教哲学〔神学〕として次第に理論化されていくようになると、その宗教哲学〔神学〕のなかには必然的に中国の道教の教理学が全面的に導入されてくることになる。

以上が、福永の文献学的照合による日本と中国の対応関係であるが、中国の道教そのものついて、その四重構造――「鬼道の教」、「神道の教」、「真道の教」、「聖道の教」――を指摘している。

「鬼道の教」は、紀元前14世紀以後に出てくる。すなわち、殷周の最古代から行なわれている呪術的な宗教＝巫術。本来は「鬼」＝死霊の信仰を中心とする巫術であったが、2～3世紀、後漢末期に鬼道と呼ばれる張角の太平道、張魯の五斗米道などの教法は「符呪」（お札とまじない）、「請禱」（誓いと祈禱）、「首過」（懺悔）などを主要行事としている。日本古代の卑弥呼の宗教もまた、中国の史書（『魏志』倭人伝など）では鬼道と呼ばれている。

「神道の教」は、紀元後2世紀以後に出てくる。すなわち、「鬼道の教」の上部構造として『易経』の「神」――「陰陽の測られざる、これを神という」――の哲学と『老子』の「道」――「道は万物の奥、自然に法る」――の哲学を上乗せしたもの。後漢時代の瑯邪地区で出現した神書『太平清領書』（『太平経』）に説く「神道」がこの教を代表し、古代日本では8世紀の初めに成った『日本書紀』が最初にこの語を用いている。

「真道の教」は、紀元後3世紀以後に出てくる。すなわち、「神道の教」がさらに『荘子』の「真」――「真とは天より受くる所以なり。自然にして易うべからず」――の哲学とこの「真」の哲学をふまえて展開する初期中国仏教の「清浄」の哲学などを導入し、儒教を俗道の教として批判するとともに、自らの教を真道と呼ぶに至ったもの。なお、この時期においては、中国仏教もまた自らの教を真道と呼んでいる。

「聖道の教」は、紀元後6世紀以後に出てくる。すなわち、南北朝時代の中国仏教が自利と利他――儒教の独善と兼済――の聖道を強調して、真道の教を自利のみの「小乗」と貶すのに対して、道教がまた「度人」（衆生済度）、「救苦」（苦海からの救出）を説く経典類を大量に整備し、儒教・仏教と同じく聖道の教であることを強調するに至ったもの。自らの教を聖道として強調するこの時期において、道教の教学体系は、一応確立される。

福永は、中国の道教の四重構造について、このように論じているが、これを見てみると、梅原における「真の固有神道」のキー・タームである「自然」と「清浄」の思想は、すでに中国の古代道教のなかに出ているのが知られる。

要するに、梅原における、明治以降の神道は、江戸期の国学神道の系譜のものであり、日本固有の神道でないとする前半の論述は妥当と思われるが、後半の梅原のいう「真の固有神道」がはたして日本固有のものであったのかについては、そうでないとする福永の論述が圧倒的な説得力を有している。「日本固有」の問題は、本書の主題の射程を超えているので、これ以上、論及しないが（本格的には別の機会に考察する）、日本の天皇と神道の問題を考える場合、「固有性」の視点からアプローチすることも、極めて重要である。

本書は、天皇と神道の政治利用という課題をその起点から研究するものである。「起点」は、思想や文化としての起点でなく、制度としての起点を指し、「政治利用」は、特定の政治目的に役立てる政治主義的な利用を意味し、「神道」は、神社、神社神道、皇室神道を包括的に含んでいる。

本書は、思索者21（代表：土屋英雄筑波大学名誉教授）の共同研究の成果である。文責は、すべて思索者21にある。（本書中、敬称略）

第一部　現在の問題状況

第1章　政治利用の起点への回帰に対する天皇家の危惧

第1節　靖国神社への「天皇親拝」の拒否

(1)「天皇親拝」はもはやないであろう

１９７８年10月に、アジア・太平洋戦争の14人のA級戦犯が秘密裏に合祀され、これは翌年４月に発覚した。靖国神社へのいわゆる「天皇親拝」は、１９７５年まで数年ごとに行なわれていたが、昭和天皇は、A級戦犯合祀に対し不快感を示し、この合祀以降、親拝を行なっていない（この詳細は、本書の第三部第４章を参照）。

平成天皇は、在位中、一度も靖国神社親拝を行なっていない。この不親拝は、形式的には昭和天皇の不親拝の継承であったようにみえたが、実質はそうでなかった。

昭和天皇は、明治憲法下で即位し、アジア・太平洋戦争も「聖断」でもって始め、かつ終わらせている。昭和天皇の数年ごとの靖国神社親拝は、この戦争の戦没者に対する直接的な責任感からのものであったと思われる。ところが、A級戦犯が靖国神社に合祀された。軍閥支配の戦前への象徴的な回帰である。昭和天皇の親拝の中止は、A級戦犯の合祀に対する不快感が理由とされているが、かりにA級戦犯の合祀が取り下げられても（これは極めて困難だが）、親拝の復活があったかは確言できない。平成天皇は、昭和天皇と異なって、日本国憲法下で即位している。その憲法1条は、天皇は「日本国の象徴」であり、「日本国民統合の象徴」であると定めている。

ところが、靖国神社は、過去の戦争のすべての日本人戦死者を祀っているわけではない。戊辰戦争（1968年1月～69年5月）における幕府軍の戦死者は、賊軍として祀られていない。明治維新の最大の功労者の一人であった西郷隆盛も、西南戦争（1877年）を惹き起したことによって祀られていない。西郷軍の死者も当然、祀られていない。日本国憲法下で、平成天皇が靖国神社親拝を行なうことは、「日本国民統合の象徴」の規定に反することになる。平成天皇の不親拝は、直接的には、この規定と関係していたと考えられるが、後述するように、平成天皇は、天皇と神道の政治利用の起点への回帰に対する危惧の念を、昭和天皇以上に強く抱いており、在位中の一貫した不親拝は、この危惧の念と不可分であったと思われる。

また、靖国神社は、既述の梅原が指摘したように、「戦争の神社」であり「死の神社」である（他の神社が内務省→文部省の管轄であったのと異なって、靖国神社のみ、1887年に陸軍・海軍両省の管轄となり、1945年の敗戦までそうであった）。対して、平成天皇は、平和憲法たる日本国憲法上の象徴天皇である。両者は、水と油のように合わない。さらに、政教分離条項である憲法20条も存在している。

天皇と神道の政治利用の起点への回帰に対する危惧の念は、現在の令和天皇も共有しているであろう。とすれば、靖国神社への天皇親拝は、今後あり得ないということになる。２０１８年6月20日、第12代靖国神社宮司の小堀邦夫が、靖国神社での「第１回教学研究委員会定例会議」において、「今上陛下は靖国神社を潰そうとしているんだ」と発言しているのは、天皇不親拝が背景にあった。

(2) 靖国神社の特異性

もともと靖国神社は、その最初の成り立ちからして特異であった。

靖国神社は、長州神社の異称があるほど長州と関係が深い。高杉晋作の発議により、１８６４年、長州藩のために戦って死亡した者たちを慰霊するための桜山招魂場（桜山招魂社）が創建された（社殿の完成は翌65年）。そして、これを原型として、東京招魂社が１９６９年に設立され、これは、１８７９年、靖国神社に改称された。

この靖国神社の参道の中央に、参拝者が仰ぎ見る形で、巨大な大村益次郎（村田蔵六）の銅像（台座を含めて高さ約12メートル）が建てられている。大村は長州藩出身で、戊辰戦争の際には長州藩兵を指揮し、幕府軍と戦った。日本陸軍の実質的な創始者である。大村の後輩が、同じく長州藩出身の山県有朋であり、山県は陸軍を中核とする「軍閥」の祖とされる。

初期の明治政権は、俗に薩長土肥の連合政権といわれたが、もともと土佐藩、肥前藩は弱小藩であり、実質的には長州閥と薩摩閥の二大閥の支配であった。ところが、西郷隆盛の西南戦争での自害、大久保利通の暗殺によって、薩摩閥が弱体化し、その後は、長州閥支配の政治が続くことになった。

先述のように、戊辰戦争における幕府軍の戦死者は、「賊軍」として、靖国神社に祀られていないが、その戊辰戦争において、幕府軍は、官軍を「官賊」(官という名の賊)と呼び、薩長を「詐謀ヲ飾リ、陰ニ大権ヲ窃《ぬす》ム君側ノ奸」とみなしていた。となれば、薩長軍とも幕府軍とも関係がない第三者の眼からすると、幕末と維新期の戦争は賊軍と賊軍の間の戦争であったということになる。

この「詐謀ヲ飾リ、陰ニ大権ヲ窃ム」は、ある意味で、維新後の薩長閥の実態を突いていた。「詐謀」でもって「大権」をとった者の一人である西郷は(彼自身は「事大小と無く、正道を踏み至誠を推し、一事の詐謀を用ふ可からず」と言っているが。後掲『遺訓』7頁)、それでも身辺は質素であり、維新後、こう慨嘆している(山田済斎編『西郷南洲遺訓』岩波書店、1939年、6頁)。

「萬民の上に位する者、己れを慎み、品行を正くし、驕者を戒め、節倹を勉め、職事に勤労して人民の標準となり、下民其の勤労を気の毒に思う様ならでは、政令は行はれ難し。然るに草創の始に立ちながら、家屋を飾り、衣服を文《かざ》り、美妾を抱へ、蓄財を謀りなば、維新の功業は遂げられ間敷也。今と成りては、戊辰の義戦も偏《ひと》へに私を営みたる姿に成り行き、天下に対し戦死者に対して面目無きぞとて、頻りに涙を催されける」。

つまり、西郷は、維新後の初期の段階で、薩長閥が「家屋を飾り、衣服を文り、美妾を抱へ、蓄財を謀り」、「戊辰の義戦」もひとえに「私」を営む姿に成って行ったことを見ていたのである。実際、伊藤博文は漁色にすさまじく、山県有朋は蓄財にすさまじかった。両方にすさまじかったのが、同じ長州閥の井上薫。蓄財といえば、当今ではいわゆるモリ・カケ疑惑などで、限りなくクロに近い、長州系首相のあの人物が浮かんでくる。

幕末、倒幕派は、徳川の「葵の紋の旗」に対抗して「菊の紋の旗」を、「征夷大将軍」に対抗して「天皇」を利用した。つまり、倒幕派にとって天皇は「玉」であり、菊の紋の旗は「錦の御旗」であった。倒幕派の思考においては、「玉」と「錦の御旗」は、倒幕のための最も重要な道具であったのである。道具として役に立たない天皇は排除される。頑強な親幕派であった孝明天皇は、1866年に満35歳で「急性薬物中毒」で急死するが（天皇の主治医であった伊良子光順の日記）、佐々木克は、これを毒殺とし、その首謀者を岩倉具視、大久保利通あたりとみている（『戊辰戦争』中央公論社、1977年、8～9頁）。次の明治天皇は、1867年、満14歳で即位した。毒殺説には異説もあるが、いずれにしても、孝明天皇の急死と明治天皇の即位によって、討幕派による天皇の全面的利用が可能となったわけである。要するに、幕末、倒幕派は天皇と神道（とりわけ国学者の神道）を利用して権力を簒奪し、簒奪後は、その権力を維持するために天皇と神道を利用し続けることができる構図が形成されたのである。

天皇を「道具」視するのは、大久保利通を始めとする薩摩閥にも強いが、長州閥にはそれがより強かった。山田風太郎の名著である『人間臨終図鑑Ⅱ』（徳間書店、2001年、128頁）で、山田は、「明治天皇」の項において、こう書いている。「明治45年7月15日、枢密院の会議に親臨した明治天皇は、平素とはちがって議事の途中居眠りをした。そのとき議長席にあった山県有朋は、軍刀を床に突いてそのひびきで天皇を目覚めさせた」。明治天皇は、その15日後の7月30日、満59歳で死去した。

山田は、「天皇の病のすでに進んでいることを山県は知らなかったのである」と記しているが、枢密院は天皇の最高諮問機関であり、その議長の山県が知らなかったわけはない。かりに知らなかったとすれば、山県は、天皇とは無関係に、枢密院議長の仕事をしていたことになる。

また、山田は、「山県有朋」の項において、宮内省仕人《つこうど》の小川金男の記録を引用している。「ある時、私は表御座所の廊下で検番に立っていると、山県元帥が拝謁をおわって出てきた。すると丁度そこへ北白川宮殿下が、たしか大尉か少佐かの軍服であったと思うが、やはり陛下に拝謁されるためにおいでになった。そして、元帥を見かけると、すぐ廊下の隅によけられて直立して敬礼された。元帥はしかしうつむいたままで、殿下の方に顔をむけると、ジロリと鋭い一瞥をあたえただけで、そのまま通り過ぎて行った」(『人間臨終図鑑Ⅲ』362頁)。

山県は、1922年2月に84歳で死ぬが、山田は、「山県は死んでも彼が作りあげた『軍閥』は、23年後日本を滅亡させたのである」(同上、364頁)と書いている。

教育勅語を発布(1890年10月30日)したのは山県有朋内閣であり、そして、1989年と2019年の代替わりの儀式において実質的に復活している旧登極令(1909年2月11日)を皇室令第1号として制定したのは、山県の直系で長州閥の桂太郎内閣であった。

天皇を利用の道具とみるのは、長州系の伝統ともいえるものであるが、現在の長州系首相である安倍晋三は、2019年4月30日、平成天皇の「退位礼正殿の儀」において「国民代表の辞」を読み上げたが、その末尾近くで、「天皇、皇后両陛下には末永くお健やかであらせられますことを願っていません」と言った。この「願っていません」の原文は、「願って已みません」である。安倍は、「已」の漢字が読めなかったのである。

漢字が読めないことで名を馳せた者として、現在（2019年8月末）、副総理兼財務大臣の麻生太郎がいる。これらが総理と副総理を占めているわけである。安倍は、明治憲法下であったら「不敬」として国粋派から集中攻撃されていたであろう。本人が嫌いな日本国憲法によって救われた形だ。安倍の読み間違いを官邸筋は否定しているが、録音が残っている。

靖国神社の特異性との関連で、実に興味深い本がある。『田中清玄自伝』（文藝春秋、1993年）である。

この書のなかで田中清玄は、あなたは右翼かと問われて、「右翼。本物の右翼です」と答えている。いまの日本では、各界で「右翼もどき」が跳梁しているが、ここで、靖国神社についての「本物の右翼」の弁を聞いてみよう。

「靖国神社というのは、そもそも由来をたどれば、招魂社と呼ばれて長州など各藩のお社だった。いうなれば長州の護国神社のような存在ですよ。それを大村益次郎（村田蔵六）が東京・九段に勧請し、一般の神社が内務省管理下にあったのとは違い、陸軍省や海軍省が管理していた。したがって長州藩の守り神にすぎないものを、全国民に拝ませているようなものなんだ。ましてや皇室とは何の関係もない。俺のような会津藩の人間にとっては、何が靖国神社だぐらいのものですよ。しかもどれぐらいこの勢力が、今も日本を軍国主義化するために動き回っていることか」(同書、342頁)。

田中が会津藩の家老の子孫であるということを考慮に入れても、この弁は、靖国神社に潜む本質を突いている。

また、田中はこうも言う。「一番怖いのは、戦前への復帰のきっかけ」が作られることだ。「こんな連中が首をもたげ、勢いがついて修復できなくなる限界点を越えてしまったら、救いようがなくなりますよ。かつては皇室が利用された。先帝陛下はそれにお一人で抵抗された。だから二・二六と敗戦のときと、二度にわたって陛下はクーデターを起こされたんです」(同書、344頁)。

当方とは立場が異なるが、これはなかなかの見識である。

田中は敗戦直後、一度だけ、数珠を持って靖国神社を参拝している。その時の様子をこう述べている。

「若い神官が出てきて、『ここは靖国神社である。数珠を持ってお参りをするのはけしからん。神道の形式をもって礼拝せよ』なんて言いやがった。こっちは龍沢寺へ行っていましたから、数珠を持っていたんです。これを聞いて、俺は言ってやった。『貴様なにを言うか。拝もうという俺の心の中まで干渉するのか、日本人には仏教徒もキリスト教徒もいるんだぞ。お前のような国粋主義の馬鹿がいるから、戦争に負けたんだ。俺が拝むのを妨害するというなら、ぶちのめしてやるから出てこいっ。』そうしたら名前を名乗れと言うから『田中清玄だ』って言ってやったら、向こうは顔色を変えたな。

『えーっ』って言ったきり、引っこんでしまった。爾来、行ったことはありません。

こんな程度だ。神道の何たるかも知らん。神道はほんらいそんな狭隘なものでは、まったくありません。神はこの世の中のありとあらゆる所におられる。森にも水にも空気の中にも神はおられるというのが、日本古来の神道という宗教の精髄ですよ」（同書、３４１～３４２頁）。

田中は、戦後すぐの１９４５年12月21日、昭和天皇と「生物学御研究所の接見室」にて1時間余り話している。戦後、右翼のなかで、天皇と会って話をしたのは田中のみであるかもしれない。

長州系を中心とする政権は、戦前は日本を軍事漬けにして、日本を亡ぼし、今は日本を借金漬けにしている。

戦前において、国家財政に占める軍事費の比率をみてみると、明治初期は、だいたい10％～40％の間で推移していたが、日清戦争の時期の１８９４～95年は、それぞれ69・４％、65・６％にはねあがっている。また、日露戦争の時期の１９０４～05年は、それぞれ81・９％、82・３％に、さらにはねあがっている。その後、大正期は、１９１４年の29・４％、１９１５年の27・７％にまで下がり、そうして、昭和期に入って増加に転じ、１９３８年から70％台に突入し、敗戦前年の１９４４年は85・３％であった。これらの軍事費の異様な比率からみて、戦前の日本は、すでに財政的に破綻していたことが分かる。

戦後では、安倍政権下で、防衛予算は5年連続で過去最高を更新し、２０１９年度は5兆２５７４

億円となった。一般会計予算は、過去最大の101兆4571億円。税収入の見込みは62兆4950億円。新規国債の発行は32兆6605億円。国債発行残高、借入金、政府短期証券などを合わせた「国の借金」は、2019年3月末で過去最大の1103兆円であり、これは、一般会計税収の17年超分である。「国家」が膨大な額の借金漬けであるにもかかわらず、「国家公務員」の給与は、5年連続の増加である。さらに、2019年8月7日、人事院は国家公務員の給与引き上げを勧告したので、6年連続の増加となるであろう。国家を食い物にしている。

ちなみに、明治以降で日本の首相の通算在職日数の長さは、一位から四位まですべて長州系である。すなわち、1．桂太郎：2886日、2．安倍晋三：2799日（2019年8月24日現在）、3．佐藤栄作：2798日、4．伊藤博文：2720日。

あるいは、日本は再滅亡への道をたどっているのかもしれない。最初の滅亡は悲劇であったが、二番目の滅亡は喜劇の様相を呈している。

第2節　回帰に対する平成天皇の危惧

(1)「君が代」の強制に対する反対

平成天皇の「強制でないのが望ましい」という発言は、2004年10月28日の秋の園遊会で出てきた。

そこの園遊会において、当時の東京都知事の石原慎太郎の意を受けて、東京都教育委員会委員に任命されていた将棋棋士の米長邦雄が、誇らしげに「日本中の学校に国旗を揚げ、国歌を斉唱させることが私の仕事でございます」と述べたのに対して、天皇は「やはり強制になるということでないことが望ましいですね」と応えた。これは、前年10月の都教育長の「10・23通達」に基づいて、職務命令による「君が代」斉唱の強制が一気に強化された状況のなかでの発言である。

園遊会後、宮内庁の羽毛田信吾次長は、天皇の発言の趣旨について、「陛下の趣旨は、自発的に掲げる、あるいは歌うということが好ましいと言われたのだと思います」、「国旗・国歌法制定時の『強制しようとするものではない』との首相答弁に沿っており、政策や政治に踏み込んだものではない」と説明した。

この「君が代」強制の問題は、思想・良心の自由との関係で論じられているが、このことは正しいものの、「君が代」強制は、明治憲法下への回帰の問題とも関係していた。「君が代」は本質的には天皇讃歌である。普通は、讃歌を歌われる側は悪い気持ちはしないものである。にもかかわらず、天皇は米長に対して「ありがとう」とは応えずに、「強制でないのが望ましい」と応えた。米長（および石原）の滑稽さが浮き彫りになった。

「強制でないのが望ましい」ことは、「国民統合の象徴」という「天皇」の本来の趣旨から出てくる。つまり、国民が自身の意思で、強制されずに、「天皇」を「国民統合の象徴」として認めたこと（憲法1条）と、天皇讃歌の「君が代」斉唱を国民に強制することは決定的に矛盾するのである。「象徴」

と「強制」は両立しない。

ちなみに、象徴天皇を定めている日本国憲法の成り立ちについて若干述べておけば、1946年3月に正式に国民に発表された憲法改正草案要綱を土台とした憲法改正草案＝政府草案は、その後、議会において、明治憲法の改正手続に従って慎重に審議され、若干の修正を経て衆議院と貴族院の圧倒的多数の賛成で可決成立した。かつ、憲法改正草案の段階での世論調査（『毎日新聞』1946年5月27日）では、国民の3分の2以上がその草案を支持していた。これらのことからすると、日本国憲法は、国民およびその代表（議員）の意思に沿うものであっても、「押しつけられた」ものではなかった。


明治憲法下では、天皇讃歌としての「君が代」は、文部省主導で教育現場において強制されていた。1893年の文部省告示で、小学校において祝日大祭日の儀式を行なう際に唱う曲の一つとして「君が代」が指定され、1900年の「小学校令施行規則」で、職員・児童が、「紀元節」「天長節」「1月1日」に学校へ参集して式を行ない、「君が代」を唱うことが定められた。この教育現場では、「君が代」の合唱は、「天皇御影」への最敬礼および「教育勅語」の奉読と一体的であった（この問題の詳細は、本書の第二部第3章第3節を参照）。

東京都における「君が代」強制は、自治体レベルの教育における明治憲法下への回帰を意味していたが、実は、「君が代」は全国レベルの教育においても浸透されている。これは、教育基本法が2006年に改正されてから、顕著になってきた。

１９４７年制定の教育基本法と２００６年改正の教育基本法を比較すると、改正教育基本法が回帰志向であることは明らかである。

改正前の教育基本法は、その前文と第1条において、こう規定していた。

前文「われらは、さきに、日本国憲法を確定し、民主的で文化的な国家を建設して、世界の平和と人類の福祉に貢献しようとする決意を示した。この理想の実現は、根本において教育の力にまつべきものである。

われらは、個人の尊厳を重んじ、真理と平和を希求する人間の育成を期するとともに、普遍的にしてしかも個性ゆたかな文化の創造をめざす教育を普及徹底しなければならない。

ここに、日本国憲法の精神に則り、教育の目的を明示して、新しい日本の教育の基本を確立するため、この法律を制定する。」

第1条（教育の目的）「教育は、人格の完成をめざし、平和的な国家及び社会の形成者として、真理と正義を愛し、個人の価値にたつとび、勤労と責任を重んじ、自主的精神に充ちた心身ともに健康な国民の育成を期して行われなければならない。」

これに対して、改正後の教育基本法の前文と第1条はこうである。

前文「我々日本国民は、たゆまぬ努力によって築いてきた民主的で文化的な国家を更に発展させるとともに、世界の平和と人類の福祉の向上に貢献することを願うものである。

我々は、この理想を実現するため、個人の尊厳を重んじ、真理と正義を希求し、公共の精神を尊び、豊かな人間性と創造性を備えた人間の育成を期するとともに、伝統を継承し、新しい文化の創造を目指す教育を推進する。

ここに、我々は、日本国憲法の精神にのっとり、我が国の未来を切り拓く教育の基本を確立し、その振興を図るため、この法律を制定する。」

第1条（教育の目的）「教育は、人格の完成を目指し、平和で民主的な国家及び社会の形成者として必要な資質を備えた心身ともに健康な国民の育成を期して行われなければならない。」

改正教育基本法の最も大きな特徴は、前文において、「公共の精神」と「伝統の継承」を強調し、第1条（教育の目的）から、改正前にあった「自主的精神に充ちた」の文言を削除していることである（「自主」は、第2条2号で「自主及び自律の精神を養う」として、自己責任の脈絡で使われている）。そして、改正法は、「教育の目標」として、「豊かな情操と道徳心を培う」（第2条1号）、「公共の精神に基づき」（同条3号）、「伝統と文化を尊重し、それらをはぐくんできた我が国と郷土を愛する」（同条5号）を付加している。こうした回帰志向の改正教育基本法と「君が代」強制との親和性は明らかである。

戦前から弁護士として軍国主義を批判し続けてきた正木ひろしは、戦後の初期、シラーの戯曲「ウイリアム・テル」（代官ゲスレルの帽子に敬礼することを拒絶したことで、テルは自分の子供の頭の上に置かれたリンゴを弓で射るという罰を受けた）について、こう書いていた（『学生評論』1949年10月号、工藤宜『ルポルタージュ・日本国憲法』朝日新聞社、1997年、59～60頁に収載）。

「帽子に敬礼するかしないかということが、テルにとって重大問題であったのだ。自己の良心に従う人間は自主的の人間である。自主的の人間は他人に盲従しない、刑罰を怖れず買収もきかない。その様な人間は始末に悪い人間でうるさいのである。ゲスレルの欲するのは、従順にして、代官を無条件的に尊敬する羊の如き忠良な臣民なのである。……帽子にすらお辞儀をする人間はゲスレル本人に対しては土下座をする人間である。而して又、帽子にすら敬礼することを拒絶する人間は彼に対し批判的態度をとる危険人物である、とゲスレルは考えた。即ち、帽子に対する敬礼の強要は領民家畜化の訓練であると共に、領民各自の忠良性を鑑別するリトマス試験紙だったのである。」

「君が代」強制は、本質的には、このゲスレルの帽子への敬礼の強要と同じ機能と目的を有している。「君が代」強制は、天皇に対する尊敬からきているものでなく、権力者たちが、「君が代」強制を利用して、児童、生徒、学生、教員そして国民を従順にする訓練をし、そうして、自分たちの権力を維持しようとしているものである。まさに、権力者たちによる「君が代」＝天皇の政治利用である。平成天皇の「強制でないのが望ましい」という発言は、「君が代」強制の本質的問題を浮き彫りにしている。

(2) 明治憲法下での天皇の在り方への回帰を否定

平成天皇は、２００９年4月8日、天皇「結婚満50年」記者会見において、次のようなことを語っている（本書における天皇家の記者会見での発言、「お言葉」などの内容は、特に記さないかぎり、すべて宮内庁の記録に基づく)。

「時代にふさわしい新たな皇室のありようについての質問ですが、私は即位以来、昭和天皇を始め、過去の天皇の歩んできた道に度々に思いを致し、また、日本国憲法にある『天皇は、日本国の象徴であり日本国民統合の象徴』であるという規定に心を致しつつ、国民の期待にこたえられるよう願ってきました。象徴とはどうあるべきかということはいつも私の念頭を離れず、その望ましい在り方を求めて今日に至っています。なお大日本帝国憲法下の天皇の在り方と日本国憲法下の天皇の在り方を比べれば、日本国憲法下の天皇の在り方が天皇の長い歴史で見た場合、伝統的な天皇の在り方に沿うものと思います。……先ほど天皇の在り方としてその望ましい在り方を常に求めていくという話をしましたが、次世代にとってもその心持ちを持つことが大切であり、個々の行事をどうするかということは次世代の考えに譲りたいと考えます」。

ここにおいて、平成天皇は、「大日本帝国憲法下の天皇の在り方」と「日本国憲法下の天皇の在り方」とを比較し、「日本国憲法下の天皇の在り方が天皇の長い歴史で見た場合、伝統的な天皇の在り方に沿うものと思います」と明言している。これは重要な認識である。つまり、平成天皇は、「日本国憲法下の天皇の在り方」すなわち象徴天皇制こそが「伝統的な天皇の在り方に沿うもの」と考え、「大日本帝国憲法下の天皇の在り方」すなわち神権天皇制は「伝統的な天皇の在り方に沿うもの」でないと示しているのである。大日本帝国憲法下の天皇の在り方＝神権天皇制は、「天皇の長い歴史で見た場合」、伝統的な天皇の在り方に沿わない異質のものということになる。このことからすれば、大日本帝国憲法下の天皇の在り方＝神権天皇制への回帰は、当然に否定される。

さらに注意すべきは、平成天皇は、このような認識が次世代の天皇にも受け継がれていくものと考えていることである。つまり、「先ほど天皇の在り方としてその望ましい在り方を常に求めていくという話をしましたが、次世代にとってもその心持ちを持つことが大切」であるということである。

この意味のことは、２００９年11月6日、天皇「即位20年」記者会見においても、平成天皇は語っている。「将来の皇室の在り方については、皇太子とそれを支える秋篠宮の考えが尊重されることが重要だと思います。二人は長年私と共に過ごしており、私を支えてくれました。天皇の在り方についても十分考えを深めてきていることと期待しています」。

皇室の在り方についての令和天皇と皇嗣の秋篠宮の認識は、平成天皇のそれと同じものであると考えられる。

（3）平成天皇の生前退位――旧皇室典範への回帰の拒否

現行の皇室典範に生前退位の規定がないのは、その皇室典範が明治憲法下の皇室典範を踏襲した結果である。つまり現行皇室典範は、即位の仕方については、明治憲法下の「起点」のままなのである。旧皇室典範は、「天皇崩スルトキハ皇嗣即チ践祚シ祖宗ノ神器ヲ承ク。」（10条）と定めていたが、現行皇室典範は「天皇崩じたときは、皇嗣が、直ちに即位する。」（4条）と定めている。「崩スルトキハ」と「崩じたときは」は同じ意味である。

平成天皇が明治憲法下の皇室典範の原則を断じて受け入れなかったのは、天皇の政治利用の「起点」へ回帰することの拒否をも意味している。ある意味では、第二の天皇「人間宣言」ともいえる。

天皇の生前退位については、平成天皇と安倍との間に対立があった。平成天皇の退位の意向は、2014年の秋に政府に伝えられていたが（実際は2008年頃から譲位を考えていた）、それを安倍は容易には受け入れず、しばらく攻防が続いた。これを打開するため、2016年8月8日、平成天皇は、異例のテレビでのビデオ・メッセージという方法で、国民に直接、退位の意向を伝えた。これが、「象徴としてのお務めについての天皇陛下のおことば」である。これに対する国民の支持は8～9割に達した。

この「お言葉」の文案についても攻防があった。原案に二箇所あった欧州の王室における生前退位の事例について触れた部分に対して、安倍側は「欧州の王室に倣う必要はない」という理由で削除を求め、これは平成天皇側も受け入れた。さらに、安倍側は、皇族の負担を懸念する箇所と摂政を否定した箇所の削除を求めたが、これは平成天皇側は受け入れなかった（伊藤智永「『おことば』を修正させた安倍政権」『月刊日本』2019年6月号、53頁参照）。

平成天皇側が削除要求を受け入れなかったところは、次の文だと思われる。

「天皇の高齢化に伴う対処の仕方が、国事行為や、その象徴としての行為を限りなく縮小していくことには、無理があろうと思われます。また、天皇が未成年であったり、重病などによりその機能を果たし得なくなった場合には、天皇の行為を代行する摂政を置くことも考えられます。しかし、この場合も、天皇が十分にその立場に求められる務めを果たせぬまま、生涯の終わりに至るまで天皇であり続けることに変わりはありません。

天皇が健康を損ない、深刻な状態に立ち至った場合、これまでにも見られたように、社会が停滞し、国民の暮らしにも様々な影響が及ぶことが懸念されます。更に皇室のしきたりとして、天皇の終焉に当たっては、重い殯《もがり》の行事が連日ほぼ2ヶ月にわたって続き、その後葬儀に関連する行事が、1年間続きます。その様々な行事と、新時代に関わる諸行事が同時に進行することから、行事に関わる人々、とりわけ残される家族は、非常に厳しい状況下に置かれざるを得ません。こうした事態を避けることは出来ないものだろうかとの思いが、胸に去来することもあります」。

天皇の「お言葉」の文案は、内閣の助言と承認を通して作成される。

内閣の助言と承認を「回路」とする、内閣による天皇と神道の政治利用という問題は、これまでほとんど議論されてこなかった。内閣の助言と承認は、本来的には、象徴天皇に対する民主的統制の制度であった。ところが、この内閣の助言と承認の制度が、憲法の趣旨に反して、天皇と神道を政治利用するために使われるようになったのである。

実は、天皇はこのことを知っていた。特に回帰志向の強い安倍が再び首相に就いてからは、内閣の助言と承認をめぐる攻防は激しくなっていった。安倍は、首相再就任後の2013年8月15日の全国戦没者追悼式での式辞において、それまでの歴代の首相が示してきた、先の大戦に対する「深い反省」を示さなかった。これはその後、2019年まで一貫している。

これに対して、同追悼式での天皇「お言葉」には、2015年から、先の大戦に対する「深い反省」が示されるようになった。2014年までは、「ここに過去を顧み、戦争の惨禍が再び繰り返されぬことを切に願い」という表現であったが、2015~18年の「お言葉」では、「ここに過去を顧み、さきの大戦に対する深い反省とともに、今後、戦争の惨禍が再び繰り返されぬことを切に願い」という表現に変更されている。わざわざ、「さきの大戦に対する深い反省」が付加されているのである。この付加は、明らかに安倍の考えと対立しており、平成天皇の強い意思に基づくものであったと考えられる。これは、本質的には「憲法尊重擁護の義務」(憲法99条)を重視する平成天皇と、憲法を嫌い、憲法を戦前への回帰に向けて変えようとする安倍との間の闘いともいえるものである。

また、即位後の最初の同追悼式における令和天皇の「お言葉」では、それまでの平成天皇の「深い反省とともに」が「深い反省の上に立って」へと変えられているが、ほぼ同じ意味である。令和天皇は、平成天皇の考えを継承している。

平成天皇の歴史観、憲法観と安倍のそれらとの対立は以前からあった。2015年1月1日の天皇の新年の感想をみてみよう。

「本年は終戦から70年という節目の年に当たります。多くの人々が亡くなった戦争でした。各戦場で亡くなった人々、広島、長崎の原爆、東京を始めとする各都市の爆撃などにより亡くなった人々の数は誠に多いものでした。この機会に、満州事変に始まるこの戦争の歴史を十分に学び、今後の日本のあり方を考えていくことが、今、極めて大切なことだと思っています」。

２０１５年8月15日で初めて付加された「さきの大戦に対する深い反省」における「さきの大戦」が、いつから始まるものなのかについては議論があったが、天皇は「満州事変」に始まると明言した。つまり、天皇自身は、「15年戦争」と認識していることが明らかになったのである。これは、一部右系の歴史観に対して衝撃を与えた。

さらに遡れば、安倍が再び首相の座に就いた２０１２年12月の翌年12月18日、天皇は誕生日会見において、こう述べていた。

「戦後、連合国軍の占領下にあった日本は、平和と民主主義を、守るべき大切なものとして、日本国憲法を作り、様々な改革を行って、今日の日本を築きました。戦争で荒廃した国土を立て直し、かつ、改善していくために当時の我が国の人々の払った努力に対し、深い感謝の気持ちを抱いています。また、当時の知日派の米国人の協力も忘れてはならないことと思います」。

この認識は、いわゆる「押しつけ憲法」論に与する安倍の立場と明確に対立するものであった。天皇の生前退位をめぐる天皇と安倍との対立は、天皇の政治利用の起点への回帰を拒否する天皇と、その起点への回帰を推し進めようとする安倍との対立の一環でもあったのである。

第３節　大嘗祭は内廷費で行なうべきとする秋篠宮発言

大嘗祭は皇室の内廷会計＝内廷費で行なうべきという秋篠宮の発言は、２０１８年11月30日の誕生日記者会見においてなされた。次の通りである。

記者　殿下にお尋ねいたします。お代替わりに関する日程や規模について、いろいろ宮内庁の方でも発表があり、決まりつつありますが、先ほど殿下には皇嗣となられる公務の在り方についてのお考えをお聞きしましたが、即位の行事や儀式についてもお考えがあればお聞かせいただきたく思います。

秋篠宮　行事、そういう代替わりに伴う行事で、いわゆる国事行為で行われる行事、それから皇室の行事として行われるものがあります。国事行為で行われるものについて、私が何かを言うことができるかというと、なかなかそういうものではないと思います。そういうものではないんですね。一方、皇室の行事として行われるものについてはどうか。これは、幾つかのものがあるわけですけれども、それについては、ある程度、例えば私の考えというものもあっても良いのではないかなと思っています。

記者　具体的に。

秋篠宮　具体的にもし言うのであれば、例えば、即位の礼は、これは国事行為で行われるわけです、その一連のものは。ただ、大嘗祭については、これは皇室の行事として行われるものですし、ある意味の宗教色が強いものになります。私はその宗教色が強いものについて、それを国費で賄うことが適当かどうか、これは平成のときの大嘗祭のときにもそうするべきではないという立場だったわけですけれども、その頃はうんと若かったですし、多少意見を言ったぐらいですけれども。今回も結局、そのときを踏襲することになったわけですね。もうそれは決まっているわけです。ただ、私として、やはりこのすっきりしない感じというのは、今でも持っています。整理の仕方としては、一つの代で一度きりのものであり、大切な儀式ということから、もちろん国もそれについての関心があり、公的性格が強い、ゆえに国の国費で賄うということだと。平成のときの整理はそうだったわけですね。ただ、今回もそうなわけですけれども、宗教行事と憲法との関係はどうなのかというときに、それは、私はやはり内廷会計で行うべきだと思っています。今でも。ただ、それをするためには相当な費用が掛かりますけれども。大嘗祭自体は私は絶対にすべきものだと思います。ただ、そのできる範囲で、言ってみれば身の丈にあった儀式にすれば。少なくとも皇室の行事と言っていますし。そういう形で行うのが本来の姿ではないかなと思いますし、そのことは宮内庁長官などにはかなり私も言っているんですね。ただ、残念ながらそこを考えること、言ってみれば話を聞く耳を持たなかった。そのことは私は非常に残念なことだったなと思っています。

要するに、秋篠宮は、大嘗祭は宗教性が強いので、皇室の行事として内廷会計つまり内廷費で行なうべきだと語っているのである。内廷費とは、天皇家の私的生活費であり、いわゆる「御手元金」である。秋篠宮は、２０１9年5月に皇位継承順位第一位の皇嗣となったので、この発言の意味は重い。

大嘗祭の詳細な分析は、本書の第一部の第2章第5節を参照してもらうことにして、実は、秋篠宮の発言は、日本国憲法制定にともなう皇室典範改正の際の政府による立法趣旨の説明と合致しており、学界の通説にも沿うものであった。

１９８９年の天皇代替わりの際に、政府も、大嘗祭は「宗教上の儀式としての性格を有すると見られることを否定することはできない」ので、それを「国事行為として行うことは困難である」としつつも、「皇位が世襲であることに伴う、一世に一度の極めて重要な伝統的皇位継承儀式であるから、皇位の世襲制をとる我が国の憲法の下においては、その儀式について国としても深い関心を持ち、その挙行を可能にする手だてを講ずることは当然と考えられる。その意味において、大嘗祭は、公的性格があり、大嘗祭の費用を宮廷費から支出することが相当である」（政府見解『即位の礼』の挙行について」１９８９年12月21日）と決定した。そして、この決定が、今回２０１９年11月の大嘗祭にも踏襲されようとしている。

このことに、秋篠宮は疑念を示したわけである。この疑念は、明治憲法下での天皇と神道の政治利用への回帰に対する危惧の念と同じ性質のものである。

第４節　天皇家の憲法を尊重し擁護する義務

明治憲法下における天皇と神道の政治利用の起点への回帰に対する危惧の念を示す天皇家の発言について、右翼もどきの雑誌や論者は、「政治的発言」ではないかと騒ぎ立てている。

憲法99条は、「天皇又は摂政」に対して、「この憲法を尊重し擁護する義務」を課している。また、天皇制についての憲法と皇室典範の規定の総合的解釈からして、憲法尊重擁護義務は天皇家の他の成員にも準用され得る。通説的には、「尊重」は憲法を遵守し、これに違反しないことであり、「擁護」は憲法違反の行為に反対し、憲法の実施を確保する努力をすることをいう。両者は本質的には違いはないが、機能的には「擁護」のほうが、より能動的・積極的である。

このことからすれば、憲法を尊重し擁護する天皇家の発言は、いわゆる政治的発言でなく、憲法上の発言である。内閣が、明治憲法へ回帰するような違憲的政策を遂行していることに危惧の念を示す場合、その危惧の念がある種の政治性を有することになるのは当然のことである。天皇家のこのような危惧の念の表明は、憲法99条が想定している「尊重」「擁護」の行為に付随する政治性であり、憲法上で許容された性質のものである。しかも、これまでの天皇家の発言は、決して特異でなく、学界の通説に沿った内容のものである。

天皇家に何ら発言をさせないのであれば、「人間」を天皇にあてるのでなく、「ロボット」を天皇にあてるしかない。そのロボット天皇の場合、政府には、それを政治利用する価値がなくなる。国民は、ロボット天皇を尊敬しないからである。

内閣が、天皇家に対する助言と承認の制度を使って、明治憲法下への回帰の政策を遂行しようとしている場合、憲法を尊重擁護する義務を定めている憲法規定に従うために、天皇家は主として、内閣の助言と承認を必要としない記者会見での発言という方法でもって危惧の念を示している。天皇家のいわゆる「お言葉」は、内閣の助言と承認の制度を通して出されている。しかし、この「お言葉」の内容が憲法に直接関係するようなものである場合、既述のように、天皇家と内閣との間で、水面下で攻防がなされている。すべての「お言葉」が、必ずしも内閣の助言と承認の通りに出されているわけではない。（なお、ほとんど注視されていないが、自民党の「日本国憲法改正草案」〔2012年4月27日決定〕の102条2項は、「国会議員、国務大臣、裁判官その他の公務員は、この憲法を擁護する義務を負う。」とし、憲法擁護義務の名宛人から「天皇又は摂政」を削除している。）

次に、1989年の代替わりの諸儀式についての、翌1990年12月20日の平成天皇の記者会見の内容をみてみよう。これら諸儀式は、内閣の助言と承認に基づいて挙行されていた。

記者　陛下にお伺いします。即位の礼と大嘗祭の実施にあたって、憲法の国民主権や政教分離の原則に触れるのではないかという意見もありましたが、この点については如何お考えでしょうか。

天皇　この問題については、政府で十分検討が行われたと聞いております。

記者　今のお話に関連して、今回の大嘗祭は公費の支出をもって執り行われましたが、そういうなかで皇室に伝わる伝統的な儀式の内容をもう少し見たかった、公開して欲しかったなと、そういう声が大嘗祭が終わったあとに国民の間からでているが、陛下ご自身はどんなお考えをお持ちですか。

天皇　この問題については、宮内庁で儀式の性格を考え、十分検討したというふうに聞いております。それに従い私の意見は差し控えたいと思います。

記者　憲法にかかわる質問ですが、宗教の自由について、今回の大嘗祭について政教分離の原則に触れるのではないかと反対論を述べた方の根底には、信教の自由が侵されるのではないかと心配や懸念があり、宗教の自由について、どのようにお考えですか。

天皇　この信教の自由はやはり憲法に定められたものでありますから、非常に大切にされなければならないと思います。

記者　即位礼正殿の儀で高御座にのぼられましたけれども、高御座については国民を見下ろすような形になるということで、憲法の国民主権の原則に違反をするのではないかという意見もあったのですが、実際に昇られてみて陛下はどんなお感じになられましたか。

天皇　高御座というものは、歴史的に古くから伝わっているものですけれども、そういうような儀式のひとつのものとして、そこへ昇りましたけれども、今のお話のような感情を持って昇ったわけではありません。

記者　万歳三唱がございましたが、天皇陛下万歳という言葉は、先の戦争でずいぶん若い人達が死んでいったわけですが、そのことを踏まえて、どんなお気持ちでお聞きになりましたか。

天皇　これはやはり、あの、政府で十分に色々検討して、こういう形が良いということになり、それに従ったわけであります。そういうことはありません。私の世代はそれよりも後の時代に、そういうこととかかわりのない時代に長く生きてきているということが言えると思います。

記者　陛下は憲法を守るということをおっしゃいますが、今まで話をお聞きしておりまして、大嘗祭、即位礼等について、政府が宮内庁が十分検討したからいいのだと、それが天皇の立場だと言われておりますが、陛下が今まで持ってこられた憲法を守るというような気持ちと、将来いろんなことで政府があるいは内閣がかわってくることも予想されると思うが、これに対して陛下が自分で考えていらっしゃった憲法を守るということを、どういうふうに反映されるか。

天皇　仮定というのは、やはりちょっと、やはりお答え出来ないと思います。

記者　今の気持ちだけで結構なのですが。

天皇　ですから、憲法を守るということ、これにつきるわけでその憲法のいろいろな条項がありますけれど、それに沿っていくということになると思います。

記者　今までと違って、これから多様な価値観に伴って、政府のやっていること、あるいは宮内庁のやることに対して疑問もあるようですが、そんなことは先ずなかったのか。

天皇　やはりみんな、随分、一生懸命検討していると思います。

記者　憲法上問題ないということもあるだろうし、陛下のやっていることは、そう違いないだろうし。

天皇　その憲法の判断は、やはり最終的には、最高裁判所で決められるということになると思います。

この記者会見から知られることは、平成天皇は、即位の翌年ということもあってか、非常に慎重であるということである。避けているという印象だ。1989年の代替わりの諸儀式は、ほぼ内閣の助言と承認に従って挙行されたものと判断される。上の発言の節々から、これらの諸儀式の内容に平成天皇が納得していたとはとても思われない。内閣の助言と承認に対する抵抗力が十分なかったのであろう。最高裁へのある種の期待もあったのかもしれない。

1989年の代替わりの際に、少なくとも大嘗祭について（おそらくはすべての儀式について）、天皇家と内閣の支配下にある宮内庁との間で議論があったことは、先の秋篠宮の発言からも知られる。そのとき、秋篠宮は、宮内庁長官に対して、大嘗祭を皇室の行事として内廷会計で行なうべきと述べていたが、長官は「話を聞く耳を持たなかった」。そして、今回の2018年の秋篠宮発言である。これは、秋篠宮の個人的発言というより、天皇家の考えを、秋篠宮を通して国民に伝えたという可能性が高いように思われる。

平成天皇は、「その憲法の判断は、やはり最終的には、最高裁判所で決められるということになる」と述べていた大嘗祭を含む諸儀式について、最高裁は、2002〜2004年、すべて合憲とする判決を出している（これらの判決の分析は、本書の第四部第2章を参照）。実は、1997年の愛媛玉串料最高裁違憲判決（この詳細な分析は、本書の第四部第3章を参照）の後、内閣による指名（最高裁長官）と任命（最高裁裁判官）を通しての人事操作により、最高裁裁判官は、急速に内閣迎合的となっていた。これらの最高裁の判決を、秋篠宮が知らなかったというより、知っていて、あえて疑念を呈したとみるほうが自然である。これらの判決以後も、最高裁は、反権力性がないか稀薄な事案はともかくとして、原則的に行政権力に迎合ないし追随した判決を出し続けている。2002〜2004年の最高裁判決の後、平成天皇は、最高裁に一切言及しなくなった。

第2章　天皇「代替わり」の儀式——政治利用の集中的表出

１９８９年1月7日、昭和天皇の死去にともなって、明仁皇太子が新天皇に即位し、日本国憲法下で初めて天皇の代替わり、すなわち皇位継承がなされた。

これより10年前の１９７９年6月、政府は、天皇の代替わりごとに年号を改める元号法を成立させていたが、この法律（「１　元号は、政令で定める。２　元号は、皇位の継承があった場合に限り改める」）に依拠して、皇位継承時に、「昭和」から「平成」へと改元された。皇位継承に関連して諸儀式が挙行されたが、政府は、「国の儀式」として①剣璽等承継の儀、②即位後朝見の儀、③大葬の礼、④即位の礼を行ない、「公的行事」として⑤大嘗祭を行なった。これらの儀式は神道色が濃く、内容的に明治憲法下の国家神道を彷彿とさせるものであった。

ここには、天皇と神道の政治利用が集中的に現われている。それらの儀式は、内閣の助言と承認に基づいて、「国の儀式」、「公的行事」として行なわれており、内閣のみが直接的に責任を負う（本書の第三部第1章第3節を参照）。

なお、元号（年号）は、紀元前１４０年に中国の前漢・武帝が、皇帝は時間をも支配するという思想の下で制定した「建元元年」が始まりであり、これを模倣して、日本も645年に最初の元号をつくり、701年から連続して使用するようになった。一世一元制は明治以降の創設である。元号法はこれを法制化したものである。

第1節　法規定

皇位継承に関して、憲法は、「皇位は、世襲のものであって、国会の議決した皇室典範の定めるところにより、これを継承する」(2条)と規定し、そして、皇室典範は、皇位継承の原因を「天皇が崩じたときは、皇嗣が、直ちに即位する」(4条)と、継承の資格を「皇統に属する男系の男子」(1条)と定め、継承の順序を第1順位「皇長子」～第7順位「皇伯叔父及びその子孫」としている。

1989年の皇位継承は、憲法、皇室典範のこれらの規定に基づいて行なわれた。激しい憲法論議を巻き起こしたのは、皇位継承それ自体ではなく、皇位継承に関連して挙行された諸儀式である(なお、「即位」と儀式たる「即位の礼」は区別される。天皇の死去という事実とともに、間を置かずに皇嗣が即位し、これによって皇位継承が法的に完成する。何らかの儀式が即位成立の要件となるものではない)。

「儀式を行ふこと」は、内閣の助言と承認による天皇の国事行為であるが(憲法7条10号)、政府はこれを憲法的根拠として、1989年の皇位継承に関連して、①剣璽等承継の儀(1989年1月7日)、②即位後朝見の儀(同年1月9日)、③大葬の礼(同年2月24日)、④即位の礼(1990年11月12日)を国の行事として挙行した。かつ、国事行為とはされなかったが、「公的行事」として⑤大嘗祭（1990年11月22日、23日）が行なわれた。このうち、③④は皇室典範に規定されているが（それぞれ25条・24条）、①②⑤は何ら明文の規定はなかった。

③④の憲法問題から検討するが、その前に、「旧皇室令」の廃止と実務レベルでの復活の問題をみてみる。

第2節　「旧皇室令」の廃止と実務レベルでの復活

神権天皇制を否定した日本国憲法の制定とともに、旧皇室令はすべて廃止された（皇室令及附属法令廃止ノ件・皇室令12号、1947年5月1日）。

しかし、旧皇室令は、実務レベルで復活させられた。つまり、実際の運用上で、皇室関係の事務取扱いの基準として、宮内庁は「従前の規定が廃止となり、新しい規程ができないものは、従前の例に準じて事務を処理すること」という宮内府長官官房文書課長「依命通牒」（1947年5月2日）に依拠している。憲法的に「断絶」されたものを実務レベルで「連続」させようという試みである。

一課長名で出されたこの通牒が、1989年の代替わりの際に威力を発揮し、新天皇の即位から大嘗祭までの一連の儀式は、内容および挙行時期ともに、京都で行なわれなかったことを除いて、ほぼ旧法令に依拠して遂行された。当時、政府が推し進めた「伝統的皇位継承儀式」と称する明治憲法的儀式は天皇主権を前提としており、これは、国民主権を前提としている日本国憲法の原理・理念と正面から衝突する性質のものであった。

第３節 「大葬の礼」と「即位の礼」

大葬の礼と即位の礼は、皇室典範に定められているが、憲法に定められていない。この法律上の規定が、それらの儀式を当然に上位規範たる憲法上の国事行為とすることを正当化し得るものではない。ただし、憲法7条と皇室典範24条、25条の総合的解釈からして、それらの儀式を国事行為としたこと自体を内閣の「助言と承認」の憲法的権限外とまで断じ得ないであろう。しかし、儀式それ自体と儀式の内容は区別される。形式的な儀式は認められても、儀式の内容に憲法上の疑義があってはならない。

まず、国事行為としての大葬の礼は、皇室の私事として神道儀式に則って実施された「葬場殿の儀」との区別が分明でないままに挙行された。つまり、葬場殿の儀は、日本の三権（国会、内閣、司法）の長、外国の代表等を参列させた上で行なわれ、これに引き続いて（10分間の休憩をはさんだのみ）、大葬の礼が遂行されたのである。二つの儀式へ共に出席することは政府からの「お願い」という建前であったが、出席への「圧力」はあった。

これら二つの儀式は、旧皇室葬儀令では一つの儀式であった。日本国憲法下での初のケースで、これらは形式的に分けられたものの、両儀式はほぼ一体的で、実質的には一つの儀式の流れのなかで行なわれた。このことは、憲法上の政教分離（20条3項・89条前段）違反のみならず、参列者個人の信教の自由（20条1項前段・2項）侵害という疑義を惹起するものであった。

次に、国事行為としての即位の礼は、「即位礼正殿の儀」「祝賀御列の儀」「饗宴の儀」からなっていたが、このうち、最も疑義があったのは即位礼正殿の儀である。この儀式について、政府は「神道色はありません」としていた（石原信雄官房副長官「外国記者団への説明」1990年6月22日）。しかし、実際の儀式の内容は、皇居正殿に設けられた「高御座《たかみくら》」に立った新天皇が、台上に置かれた剣、璽、国璽、御璽を前にして「お言葉」を述べ、これに対して、海部首相が天皇を仰ぎ見るかたちで、「私たち国民一同は、天皇陛下を日本国及び日本国民統合の象徴と仰ぎ、……お誓い申し上げます」という「寿詞《よごと》」（これは、本来的には〝天皇の御代が長く栄えるように祝うことば〟を意味する）を奉答し、そして三歩下がって、「ご即位を祝して、天皇陛下万歳」と発声して、万歳三唱を行なうというものであった。

これを考えるに、第一に高御座は、明治憲法下では天孫降臨の神話に基づき、天皇が統治者としての地位についたことを宣するために用いられた玉座であり、また、剣と璽はそれぞれいわゆる三種の神器のうちの「天叢雲剣《あまのむらくものつるぎ》」と「八尺瓊曲玉《やさかにのまがたま》」を指していた（もう一つの神器の鏡＝八咫鏡《やたのかがみ》は賢所にまつられている）。明らかに、神道色が濃厚である。第二に、天皇と総理大臣の相互の構図について、国民主権下の象徴天皇制を意図的に逆転させて、明治憲法下のように新天皇に対し臣下が忠誠を誓うかのような構図に仕立て上げられていた。

要するに、即位の礼の儀式の内容は、日本国憲法上の国民主権原理と政教分離条項に抵触し得るものであった。

ちなみに、明治憲法下で刊行された『国体の本義』（1937年）は、「皇位」「高御座」「三種の神器」が、天皇の祖先神とされる天照大神《あまてらすおおみかみ》と不可分であることを、こう述べていた。

「皇位は、皇祖の神裔にましまし、皇祖皇宗の肇め給ふた国を承け継ぎ、これを安国《やすくに》と平けくしろしめすことを大御業とせさせ給ふ『すめらぎ』の御位であり、皇祖と御一体となつてその大御心を今に顕し、国を栄えしめ民を慈しみ給ふ天皇の御地位である。臣民は、現御神にましします天皇を仰ぐことに於て同時に皇祖皇宗を拝し、その御恵の下に我が国の臣民となるのである。かくの如く皇位は尊厳極まりなき高御座であり、永遠に揺ぎなき国の大本である。高御座に即き給ふ天皇が、萬世一系の皇統より出でさせ給ふことは肇国の大本であり、神勅に明示し給ふところである。即ち天照大神の御子孫が代々この御位に即かせ給ふことは、永久に渝《かわ》ることのない大義である」（17～18頁）。「皇位の御しるしとして三種の神器が存する。……皇祖は、皇孫の降臨に際して特にこれを授け給ひ、爾来、神器は連綿として代々相傳へ給ふ皇位の御しるしとなった。従つて歴代の天皇は、皇位継承の際これを承けさせ給ひ、天照大神の大御心をそのまゝに傳へさせられ、就中、神鏡を以て皇祖の御霊代として奉斎し給ふのである」（19～20頁）。

第4節　「剣璽等承継の儀」と「即位後朝見の儀」

剣璽等承継の儀と即位後朝見の儀は、皇室典範に全く規定されていない。にもかかわらず、政府は、昭和天皇死去直後の臨時閣議において、憲法7条10号、皇室典範4条、さらに前者の儀式は皇室経済法7条をも根拠にして、これら二つの儀式の挙行を、即位にともなう新天皇の国事行為と決定した。

明治憲法下の旧皇室典範は、「天皇崩スルトキハ皇嗣即チ践祚シ祖宗ノ神器ヲ承ク」(10条)と定めていた。そして、この「践祚」(これは〝天皇の崩御ないし譲位によって皇嗣がただちに皇位をつぐこと〟を意味する)の式は、①「賢所ノ儀」、②「皇霊殿神殿ニ奉告ノ儀」、③「剣璽渡御ノ儀」、④「践祚後朝見ノ儀」からなっていた(登極令1条、附式1編「践祚ノ式」)。これらの儀式は、天皇統治および皇室神道と不可分であった。そうであるがゆえに、神権天皇制を否定した日本国憲法で、旧皇室令がすべて廃止され、また現行の皇室典範も践祚の式に類する儀式を何ら規定しなかったのである。

ところが、政府は、上記の①と②を皇室の私的行事としたのみで、③と④をそれぞれ、「剣璽等承継の儀」と「即位後朝見の儀」(「朝見」とは、本来的には〝臣下が参内して天子に拝謁すること〟を意味する)に少し名称を変えて、国の行事として行なった。旧皇室典範では、践祚と神器承継は一体的であったが、その中核的部分が明治憲法下と「同一」の儀式内容で、日本国憲法下で挙行されたことになる。

憲法7条10号と皇室典範4条をこれらの内容の儀式の挙行の法的根拠となし得ないことはもちろんであるが、皇室経済法7条にしても、その「皇位とともに伝わるべき由緒ある物は、皇位とともに、皇嗣が、これを受ける」という規定は、1946年、政府が説明したように、三種の神器を「皇室の中のことととして扱ふ」（金森徳次郎国務大臣・第91回帝国議会貴族院皇室典範案特別委員会議事速記録第2号、6頁）という趣旨で、換言すれば「（三種の神器のような）宗教に関しまするものは国の方には移さない方が宜いであろう、と致しまするると、皇室の私有財産の方に置くより外に仕様がない」（金森国務大臣・第91回帝国議会貴族院皇室経済法特別委員会議事速記録第1号、6頁）という趣旨で、それを皇室典範でなく、皇室経済法のなかに定めたものである。従って、皇室経済法7条の規定でもって剣璽等承継の儀を国事行為とする法的根拠とすることはできない。

明治憲法下の儀式の実質的復活である剣璽等承継の儀と即位後朝見の儀の挙行が、日本国憲法上の国民主権原理および政教分離条項と違背していることを否定するのは困難であろう。

第5節 「大嘗祭」

大嘗祭は、天皇即位後の最初の「新嘗祭《にいなめさい》」（天皇がその年の新穀を諸神に供え、これを食する祭儀）であり、明治憲法下で一世一度の大祭とされてきたが（明治以前、1466～1687年は途絶）、日本国憲法制定にともなう皇室典範改正時に、「信仰的なる部面のことは国の制度の外に置く」ということで、大嘗祭は「（国の）制度の中に入らぬ」（金森徳次郎国務大臣・第91回帝国議会貴族院皇室典範案特別委員会議事速記録第2号）とされ、皇室典範には規定されなかった。

１９８９年の天皇代替わりの際に、政府も、「（大嘗祭の）中核は、天皇が皇祖及び天神地祇に対し、安寧と五穀豊穣などを感謝されるとともに、国家・国民のために安寧と五穀豊穣などを祈念される儀式であり、この趣旨・形式等からして、宗教上の儀式としての性格を有すると見られることを否定することはできない」ので、それを「国事行為として行うことは困難である」として、大嘗祭が「宗教上の儀式」であることを認めた。にもかかわらず、政府は続けてこう言う。

大嘗祭は「皇位が世襲であることに伴う、一世に一度の極めて重要な伝統的皇位継承儀式であるから、皇位の世襲制をとる我が国の憲法の下においては、その儀式について国としても深い関心を持ち、その挙行を可能にする手だてを講ずることは当然と考えられる。その意味において、大嘗祭は、公的性格があり、大嘗祭の費用を宮廷費から支出することが相当である」（政府見解「『即位の礼』の挙行について」１９８９年12月21日）。

国家の非宗教性という政教分離の憲法論理からすれば、ある行事が「宗教上の儀式」であるからには、原理的に、国は「公的」にその儀式にかかわることが禁止される。この結果として、国は、その儀式を国事行為とすることができないのはもちろんのこと、「公的」行事とすることもできない。憲法は、国が宗教的行事に「深い関心」を持つことを禁じている。もし天皇が「一世一度」の宗教的儀式を行なうのであれば、それを宮廷費（宮内庁の経理に属する）でなく、皇室の日常生活費の内廷費

（御手元金：これは宮内庁の経理に属する公金とされない）で行なうのが憲法的に許容される得る限度である。

また、政府が大嘗祭を公的行事とする根拠の一つにあげている皇位世襲制についても、憲法2条の「世襲」規定は、皇位就任が選挙その他の選定や能力によるのでなく、もっぱら血統に基づくものであることを明らかにしているにすぎないとするのが通説であり、それ以上の法的内容が憲法2条から抽出され得るものではない。さらに、戦前の大嘗祭は、明治憲法の神権天皇制下の皇室神道および国家神道と不可分であったのであり、この意味で大嘗祭は「公的」な性格の国家行事であった。他方、神権天皇制を否定した日本国憲法の下では、大嘗祭は「公」から「私」へ転化し、公的性格の原理的基盤は消滅している。

大嘗祭の「公的性格」論が成り立たない以上、大嘗祭への公費支出の「目的」は宗教的意義しか持ち得ない。「いわゆる神社神道」と区別された「伝統的に皇室に伝わっております皇室の神道」（石原官房副長官・前記「外国記者団への説明」）にとって、大嘗祭は宗教的行事であってこそ重要な意義があるのである。これは、愛媛玉串料最高裁違憲判決のいう違憲と判断する「目的」要件を満たしている。かつ、「たとえ宗教色がありましても、これを皇室として必ず行わなければならない儀式」である大嘗祭に対して、「天皇家の伝統的な儀式を皇位の継承に際して支援する」（石原・同上）ために公費を支出することは、「皇室の神道」を援助、助長、促進する「効果」を有することは明らかである。これは、「特別に支援」「他の宗教団体とは異なる特別のものであるとの印象」「特定の宗教への関心を呼び起こす」等の同上最高裁違憲判決のいう違憲判断の「効果」要件を満たしている。

また、大嘗祭関係への25億円余りという巨額の支出は、同上最高裁違憲判決のいう「過度のかかわり合い」であることは言うまでもない。玉串料とは比較にならない。

なお、毎年11月23日の新嘗祭は皇室の私的行事として行なわれている。このこと自体は妥当である。しかし、この行事に国会・内閣・司法の三権の長が参列していることは、たとえその参列が「私的」なものとされていても、現職の権力中枢者によるそうした行為は、新嘗祭を「他に比して優越的に選択し、その宗教的価値を重視していると一般社会からみられることは否定し難く」、皇室神道に「重要な象徴的利益を与えるもの」となっており（愛媛玉串料最高裁違憲判決の大野補足意見を参照）、参列を控えるべきであろう。

第6節　２０１９年の天皇「代替わり」の儀式

２０１９年の儀式は、生前退位なので当然、「大葬の礼」はなかった。そして、「天皇の退位等に関する皇室典範特例法」（天皇退位特例法、２０１７年6月16日公布、２０１９年4月30日施行）に基づいて、２０１９年4月30日、「退位礼正殿の儀」が、国の儀式＝国事行為として挙行された。

天皇の退位は、江戸時代後期の光格天皇（在位：１７８０〜１８１７年）以来のことで（生前退位・譲位の例はこれ以前にも少なくなく、半数近い）、明治憲法下の皇室典範には定められていなかった。日本国憲法下の皇室典範もこれを踏襲し、退位条項を設けなかった。この意味では、今回の天皇退位は、明治憲法下の起点へ回帰しなかったことを意味する。

また、平安時代の儀式書『貞観儀式』によれば、退位の儀式は「譲国の儀」と称せられ、皇位を譲る意志を天皇が示す「宣命」を宣命使が読み上げる形式であった。この形式で「退位礼正殿の儀」が挙行されていたら、日本国憲法下の「国民主権」と衝突していたであろうが、今回の儀式では、この形式は使われなかった。しかし、侍従に捧持された「剣」と「璽」が、国の儀式が挙行された正殿松の間の案上に置かれた。これは、既述の１９８９年の際と同じ憲法上の疑義があった。

「退位礼正殿の儀」のあと、２０１９年5月1日に、「剣璽等承継の儀」と「即位後朝見の儀」が、国の儀式＝国事行為として挙行された。これらの儀式の内容に関する憲法上の疑義は全く解消されていない。

今後、「即位礼正殿の儀」が、２０１９年10月22日に、国の儀式として挙行される予定である。政府は、同年6月20日、「皇位継承に関する式典委員会」の会合を開き、「即位礼正殿の儀」を平成の代替わりの方式を踏襲して挙行することを決定した。すなわち、天皇は、皇居・宮殿「松の間」に置く玉座「高御座」に立ち、お言葉を述べる。これを受け、首相が祝意を示し、天皇に対して万歳を三唱する。また、天皇、皇后は伝統装束に身を包み、皇后は高御座の隣に設置される「御帳台《みちょうだい》」に上る。剣、璽、国璽、御璽は高御座に置かれる。

そして、同年11月14日、15日に、「大嘗祭」が公的行事として挙行される予定である。

前回の１９８９年の代替わりにおいて、最も議論が沸騰したのは、これら「即位礼正殿の儀」と「大嘗祭」の儀式に関してであった。今回も、儀式内容の違憲性つまりは天皇と神道の政治利用という深刻な問題をかかえたまま、儀式が強行されようとしている。

第二部　明治維新以降の政治利用：国家神道の創設

第1章 「祭政一致」原則下の神社「国教」化の政策

天皇と神道の政治利用は、戦前において猛威をふるった「国家神道」に集中的に表れている。この国家神道は、1945年の日本敗戦とともに、制度的には消滅した。しかし、天皇と神道の政治利用は消滅しなかった。それは、日本国憲法公布後に、明治憲法と同じ論理で、あるいは新しい装いをこらした論理で復活し、さらには、単に復活のみならず、盛行するに至っている。

日本国憲法下でのこの状況を考えるには、天皇と神道の政治利用の起点である明治憲法下を分析することが必須的に要求される。より正確には、「明治憲法下」のみならず、「明治憲法以前」にさかのぼって考察する必要がある。というのも、天皇と神道の政治利用は、明治憲法の制定に先行していたからである。

倒幕派が「諸事神武創業之始ニ原キ」と宣した王政復古の大号令を発した後、1868年4月（陽暦）、新政府は、王政復古、祭政一致および全国の神社・神職の神祇官への付属の原則などを定めた神祇官再興に関する布告（太政官布告）を出して、神社国教化の方針を示した。この祭政一致原則のもとでの神社国教化は、国内的に神権天皇制国家のイデオロギー的支柱を確立すると同時に、そのことによって、欧米列強の精神的基盤とみなされていたキリスト教に対抗するためであった。

この政策・方針に沿って、1868年、いわゆる「神仏判然令」を含む神仏分離に関する布告が次々と出され、これは、全国的に広く、廃仏毀釈の運動を巻き起こした。ここで注意すべきは、「神仏分離」によって「仏」から分離・奉斎される神は、神々一般でなく、記紀神話や延喜式神名帳によって権威づけられた特定の神であり、そして、廃仏の対象は、仏一般でなく、国家によって権威づけられない仏であるということである。ここには、神権天皇制国家の確立に利用され得る部分とそうでない部分の間に分割線が引かれていた（安丸良夫『神々の明治維新』岩波書店、1979年、6頁以下参照）。

1869（明治2）年4月、明治天皇は、7世紀の持統天皇以後で例がないともいわれる伊勢神宮参拝を行なった。この後、同年8月、政府は官制の改革を断行し、これで名実ともに古代の律令官制の神祇官が再興され、同時に神祇官の職掌として、新たに国民の「教化」が加えられた。

さらに、翌1870年2月、大教宣布の詔が出され、神祇官に所属し、「天下」に「惟神ノ大道ヲ宣揚」するために「宣教使」が設置された。これとの関連で、同年5月に「宣教使心得書」、8月に「大教ノ旨要」が作成された。大教宣布の詔の内容には、天皇神格化と祭政一致への当時の政府の強い意欲が出ていたことに注意する必要がある。「朕、恭シク惟ミルニ、天神天祖ヲ立テ統ヲ垂レ、列皇相承ケ、之ヲ継ギ之ヲ述フ。祭政一致、億兆同心、治教上ニ明カニシテ、風俗下ニ美ナリ。而ルニ中世以降、時ニ汚隆有リ、道ニ顕晦有リ。今ヤ天運循環シ、百度維レ新ナリ。宜シク治教ヲ明カニシテ、以テ惟神ノ大道ヲ宣揚スヘキナリ。因ツテ新ニ宣教使ヲ命ジ、天下ニ布教セシム。汝群臣衆庶、其レ斯ノ旨ヲ体セヨ」。

祭政一致の原則のもとでの神社国教化は、1871（明治4）年に頂点に達した。同年7月の太政官布告は、官社、諸社の区別と社格を定め、これによって全国の神社は、官国幣社（官幣社、国幣社）、府県社、郷社、村社、無格社の五段階に序列化、再編成された。官社は官幣社と国幣社（それぞれに大社・中社・小社の分類がある）であり、諸社は府県社、郷社、村社、無格社であった。官幣社は神祇官が祭り、皇室が崇敬する神社および天皇・皇親・功臣を祀る神社で、例祭には皇室から神饌幣帛料が出された。国幣社は地方官が祭り、国庫により幣帛（神前の供え物）が奉じられた。

また、神官・神職の世襲制は、「神社ノ儀ハ国家ノ宗祀ニテ一人一家ノ私有ニスヘキニ非サル」との理由で廃止され任命制に改められた。なお、ここでの「国家ノ宗祀」という表現は、後の時期における ような神社＝「非宗教」を正当化するための趣旨のものではない。

さらに、天皇の宗教的権威の確立のために、伊勢神宮において天皇と直結した皇祖神を祀る内宮（皇大神宮）が、太陽神・農業神・現世利益神としての伊勢の神の民衆的伝統と結びついていた外宮（豊受大神宮）に対して優越させられた。この政策は、他の神社についても遂行された。つまり、神権天皇制国家にとって有用な神社と民衆的民俗的な神社を区別し、前者を優遇する政策は明治初期から一貫していたのである。

たとえば、政府は一方で、民衆自らが新しい神社をつくることは禁止しながら、他方では、神権天皇制に奉仕するための国家的な神社を次々と創建した。この神社のなかには、天皇制国家のために戦死した者を祀る神社（靖国神社、護国神社など）、南北朝対立期の南朝方の「忠臣」を祀る神社（湊川神社、阿部野神社など）、天皇・皇族を祀る神社（橿原神宮、平安神宮、明治神宮など）、植民地・占領地に創建された神社（朝鮮神宮、建国神廟、昭南神社など）がある。

民衆次元の神社の切り捨ても、これと並行して進められていたが、このことは後に、日露戦争の戦勝気運に乗って、1906年8月に発せられた勅令「神社寺院仏堂合併跡地譲与ニ関スル件」による神社の大規模な統廃合に著しく表れている。この勅令後、神社総数は、19万435社（1906年）から11万6193社（1919年）に激減した。特に注意すべきは、官国幣社は増加（170社→177社）しているのに対し、民衆次元の村社（5万2397社→4万5155社）、無格社（13万3825社→6万6738社）は大幅に減少したことである（村上重良『国家神道』岩波書店、1970年、166頁以下参照）。

こうした明治初期から遂行された神社国教化に対する抵抗は、浄土真宗とキリスト教の一部を除いて、一神教的な確固たる信仰意識が希薄な民衆の間では強くなかった。これはまた、江戸時代、檀家制度や寺請制度などによって権力と癒着し腐敗していた仏教勢力と異なって、その時代の神社は権力との関係が希薄で、民衆にとって必ずしも抑圧的存在でなく、神社国教化に対する警戒心が弱かったことにもよる。もちろんここには、信教の自由および思想・良心の自由などの権利意識が民衆の間で確立されていなかったという問題もあった。

第2章　行政上の神社政策——国家神道の原型

第1節　復古的神社政策の後退

1871年は、祭政一致の神社国教化の一つの頂点であったが、同時にこの頃から、国家の近代化政策と復古的政策の間の矛盾が深刻化かつ顕在化し、行政上で、「より合理的」な神社政策が模索されるようになった。これはまず、同年9月に神祇官を「神祇省」に改変することに表れた。この改変を「格下げ」とみるかどうかはともかく、神社国教化政策の事実上の後退を示すこの措置は、復古志向の勢力に大きな打撃を与えた。

神祇官の神祇省への改変にみられる復古的神社政策の後退は、その後、国内からの信教の自由の要求、キリスト教を擁護する欧米からの批判、祭神論争での出雲派の敗退などによって、一層進むことになった。以下、個別的に簡潔にみてみる。

（１）国内からの信教の自由の要求

政府は、神祇官を神祇省に改変した後、翌１８７２年４月には、さらに神祇省を廃止して「教部省」を設置した。これは、神社それ自体の国教化でなく、天皇崇拝を核として諸宗教を包摂した新宗教の形成を志向した措置であった。

そして、同年５月、宣教使にかえて14級の「教導職」を設置し、これを通して諸宗教（神道、仏教、民間宗教）を動員し、天皇崇拝の一大国民教化運動の推進をもくろんだ。このため、６月、教部省は運動の指針として、教導職に「三条ノ教則」を通達した。その内容は、「一　敬神愛国ノ旨ヲ体スヘキ事。一　天理人道ヲ明ニスヘキ事。一　皇上ヲ奉戴シ朝旨ヲ遵守セシムヘキ事」というものであり、これは、この運動が天皇制国家体制の強化のための国民教化運動であることを明示していた。そうして同年12月、この国民教化運動の中核機関として大教院（この下に中教院、小教院を組織）が設立された。

これに対して外交官の森有礼は、１８７２年11月、「教部省の創作した宗教をわが国民に押しつける政策は、我々の神聖な良心の自由を無視するものであるだけでなく、その結果は、まさに人間の魂そのものを押しつぶすことにもなるものでありますから、最も厳しい非難を受けるべきであります」として、政府の宗教政策を厳しく批判した建白書「日本宗教自由論」を、太政大臣・三条実美あてにアメリカから送った（この建白書の英語原文のタイトルは、〝Religious Freedom in Japan〟。明治文化研究会編『明治文化全集』第19巻、日本評論社、１９２８年、５３２頁以下）。

だが、現実面で政府がより苦慮したのは、仏教勢力の抵抗であった。1873年1月、島地黙雷(浄土真宗西本願寺派の僧侶)は、各国宗教事情の視察途上のフランスのパリから「三条教則批判建白書」を教部省に送り、また翌年7月、「大教院分離建白書」を教部省に提出し、信教の自由と政教分離を主張した。そして、島地らの運動にもより、1875年2月、浄土真宗4派は大教院から脱退した。

こうした状況に直面して、1875年4月、太政官は神仏合同布教の廃止を教部省に通達し、5月、大教院を解散、さらに11月、政府・教部省は、神仏各宗に対して「信教ノ自由ヲ保護」する旨の口達を出した。この結果、新宗教による国民教化の職務を失った教部省そのものが1877年1月に廃止され、これに代わって内務省に社寺局が設置された。

なお、上記の島地の三条教則批判建白書は、「政教ノ異ナル固ヨリ混淆スヘカラス。政ハ人事也、形ヲ制スルノミ。而シテ邦域ヲ局レル也。教ハ神為也、心ヲ制ス。而万国ニ通スル也」と述べていた(『島地黙雷全集』第1巻、本願寺出版協会、1973年、15頁)。これは、近代的な政教分離論の一つの特質をとらえているようであるが、その内実は、「政教分離の主張というより」むしろ「政教相依《あいより》」(島地の三条教則批判建白書に出ている)の主張であるというほうが適切だという指摘もなされている(藤井健志「真俗二諦論における神道観の変化——島地黙雷の政教論のもたらしたもの」井上順孝＝阪本是丸編著『日本型政教関係の誕生』第一書房、1987年、233頁)。その他、島地は神社＝「非宗教」論も展開しており、彼の信教の自由・政教分離論には時代的ゆがみが内包されていたことに注意する必要がある。

(2) キリスト教を擁護する欧米からの批判

明治の新政府は当初、江戸幕府のキリスタン禁止政策を踏襲して、1868年4月、「切支丹邪宗門制禁」の高札を出した。だが、切支丹と邪宗門を同等視するこの高札に対して、アメリカ、フランス、プロシャ、オランダなど外国公使は厳しく抗議した。このうち、アメリカのファルケンバーグ公使は、キリスト教は「本国の宗教」であり、キリスト教を「邪宗門」として禁止する高札はアメリカと日本の「交際上差響き」があるので、その高札を廃止することを要請した文書を日本政府へ提出した（外務省調査部編『大日本外交文書』第1巻第1冊、日本国際協会、1936年、639頁以下に英文と和訳文が掲出されている）。このため同年5月、政府は形式的に「切支丹制禁」（「切支丹宗門之儀ハ是迄御制禁之通固ク可相守事」）と「邪宗門禁止」（「邪宗門之儀ハ固ク禁止候事」）の二つに分けた布告を出した。しかし、政府は、キリスト教抑圧政策そのものはその後も維持し、6月、浦上キリスタンの約4000人を弾圧し、また1870年1月、同じく浦上キリスタン約3000人を流刑に処した。

ところが、条約改正の予備協議と外国法制調査のために、1871年11月から欧米諸国に派遣されていた岩倉使節団（岩倉具視、木戸孝允、大久保利通、伊藤博文、山口尚芳の各使節）は、旅行中、日本国内でのキリスト教徒弾圧の件で、欧米各国から信教の自由を保障しないものとして批判・抗議を受けた。これが条約改正等に悪影響を与えることを恐れた使節団は、1872年3月、政府に対して次のような意見を具申した。「日本ノ法律中ニ外教ノ明禁ナシト雖モ、尚ホ高札ニ其禁令ヲ掲示スルヲ以テ、外人ハ一概ニ自由信仰ヲ妨クルノ野蛮国ト見做シ、対等ノ権ヲ許ス事ヲ甘ンセス、故ニ此高札ノ禁令ヲ除ク事」（春畝公追頌会編『伊藤博文伝』上巻、春畝公追頌会、1940年、654頁）。これを受けて、政府は翌年2月、「切支丹制禁」の高札を撤廃し、キリスト教を黙認することにした。

(3) 祭神論争での出雲派の敗退

神道事務局（1875年4月に設置）の神宮遥拝所が東京・日比谷に設けられることになった際、1880年、その祭神をめぐって神道界で激しい論争が起きた。これは、天皇の「介入」によって「収拾」されたが（1881年1月の「勅裁」）、この論争において、出雲派（出雲大社系）が伊勢派（伊勢神宮系）に対して敗北した。宗教性が濃厚な出雲派の敗退は、神社を一般宗教から切り離して国家の祭祀とする傾向を促す一因となった。

この祭神論争の歴史的意義について、ある論者は、「祭神論争は、近代日本の神道史上未曽有の神道界の内部分裂・抗争であったし、またこれを契機にして、『国家神道体制』の論理——『神道は宗教にあらず、国家の祭祀である』——が成立したという重要な意味をもつ」（中島三千男「大教宣布運動と祭神論争」『日本史研究』126号、1972年、27頁）とし、ある論者は、「祭神論争における出雲派の後退は、宗教へのつよい指向性をそなえていた復古神道教義の、神道界における地歩喪失を意味した。体系的な教義をもち宗教としての内容をそなえた神道へと展開する道は、この段階で、事実上、閉ざされた」（村上・前掲『国家神道』117頁）と評する。

第2節　国家神道の原型

以上みてきた（1）国内からの信教の自由の要求、（2）キリスト教を擁護する欧米からの批判、（3）祭神論争での出雲派の敗退などによる神社国教化政策の後退は、1882年1月、神官の教導職兼補を廃止し、神宮と官国幣社の神官が葬儀に関与することを禁止する通達（内務省達）が出されたことによって、制度上で中間的な一つの到達点をみた。

この通達は、限定的ながらも（「府県社以下神官」を関与禁止対象から除外）、行政的に神社を「非宗教」化して国家の祭祀としようとする方向を示すものであるが、この措置後、同年、政府は神道事務局に属していた神道系の諸宗教の別派独立を認め、「教派神道」として編成した。これは、いわゆる「公認宗教」制度であり、仏教系宗派およびキリスト教系宗派もこの制度下に従属させられた。このうち、黙認状態が続いていたキリスト教が「公認」されたのはかなり遅く、1899年7月の内務省令「神仏道以外ノ宗教宣布並堂宇会堂等ニ関スル規定」によってである。

そして、1884年8月、国家によって任免されていた神仏教導職（教導職制）を廃止し、寺院住職の任免などを各宗派の管長に委任（太政官布達第19号）することによって、神社の行政上の「非宗教」化（神社と一般宗教の行政上の別異取扱い）の骨格的な姿形が示されてきた。この布達は、「自今神仏教導職ヲ廃シ、寺院ノ住職ヲ任免シ及教師ノ等級ヲ進退スルコトハ、総テ各管長ニ委任」すると規定していたが、この委任の法的性格は必ずしも明確でなかった。法的性格について、当時の新聞論説および主な学説は全面的委任と解釈していたが、大正期の大審院の判例などは任免権を国家が留保したうえで委任したと解していた（羽賀祥二『明治維新と宗教』筑摩書房、1994年、212〜213頁参照）。

このように政府が、神社を祭政一致の原則のもとで国教化することを断念し、それを行政上で国家の祭祀として「非宗教」化した主たる理由は、受動的には、国内からの信教の自由の要求、キリスト教を擁護する欧米からの批判であり、これに祭神論争での出雲派の敗退が影響した。

だが、受動的でなく能動的な理由もあった。つまり、国家の露骨な復古的宗教化は日本の「近代化」の障害となるという認識、および神社国教化の当初の目的、すなわち国内的に神権天皇制のイデオロギー的支柱を確立すると同時に、欧米列強の精神的基礎と考えられたキリスト教に対抗することは、神社の宗教的機能を実質的に維持しつつ、神社「非宗教」化の政策でもって遂行・貫徹できるという見通しがあった。これに対し、「政府は、天皇制的国民教化を効果的に進めるために、神社の役割を重視し、神社から宗教的機能を切りすてて、国家の祭祀として、非宗教ないし超宗教のたてまえをもつ国教を確立する方針を最終的にさだめた」とする論がある（村上重良『慰霊と招魂』岩波書店、1974年、120頁）。しかし、これは、行政面とは別に政治面で神社の宗教的機能を実質的に維持することは神社「非宗教」論の一貫した一つの重要な側面であったことを看過している。「祭祀」についても、政府は神社を「宗教」から分離した後、「この神社制度が『祭祀』のみとして形骸化せず、神社を人民統合の象徴、精神的源泉として有機的に機能させる方策を追求、確立」しようとしたという指摘がある（阪本是丸「明治宗教行政史」『国学院雑誌』82巻6号、1981年、51頁）。この点では、これが妥当な見方であろう。

さらには、神社を宗教の外に置くことで、神社について国民に自由に論議させないようにするという判断があった。つまり、天皇崇拝を核とする神社崇敬を「宗教」とみなせば、それを「信ズルモノハ之ヲ信ジ信ゼザルモノハ却テ之ヲ嘲弄スル」（『教義新聞』1874年8月21日。これは教部省系の新聞）ということにもなり、そうしたことは全国民が崇拝・崇敬すべき天皇と神社の神聖さを貶め、結局は、「皇室ノ瑕瑾」となるという判断である。

こうして国家神道の原型が現出してきたが、注意すべきは、神社について自由に論議させないために、神社を宗教の外に置くという考えは、仏教系にも存在していたということである。1881年、大谷派本願寺の渥美契縁、本派本願寺の赤松連城などの有力な仏教家たちは祭祀と宗教の分離論を政府に提出した。このうち、渥美の建言はこう述べていた。

「明治維新は王政復古であるが、王政復古である以上、律令時代の制度の精神に還るべきである。律令制度の精神によれば、神道は専ら『祭祀』を事とすべきであって、その外に出るべきでない。然るに明治以後の神道の現状を見るに、宗教類似のものとなっている。これは律令制の精神に反するばかりではない。神道が宗教であるとすれば『宗教は各人の自由であるべきである』からして、当然に他宗教の者は、神道を論難排撃することもあるだろう。特にキリスト教の如きは、独一神を信奉し他宗をすべて邪教とする者であるから、キリスト教に入る将来の日本国民が、神道を宗教と見る以上、神道を敵視するにいたるだろうし、かくては日本の国体も保ちがたいこととなる。故に政府としては、日本の本来の国体、律令制度の精神に立ち戻って、現行の教導職制度を廃止し、神道から宗教的色彩を取り去り、神職には専ら祭祀の事に従事せしめ、これを宗教とは区別し、僧侶は大僧正已下の僧官に復して宗教の宣布に当らしむべきである」(渥美の建言の要約の掲出は、神道文化会編『明治維新神道百年史』第2巻、神道文化会、1996年、197頁)。

国家神道の概念は内容的に複合的なものであるが、特質的には天皇崇拝、神社神道および行政上の神社「非宗教」化と不可分である。要するに、国家神道は、皇室神道と結合された神社神道を、行政的に「非宗教」として実質的に国教化した制度とイデオロギーを意味する。

国家神道の「確立」の時期については、国家神道が継続的な整備、展開の過程を有していることにより断定しがたいものがあるが、節目的に言えば、制度上、1882年の神官の教導職兼補の廃止および神道系の諸宗教の別派独立、1884年の教導職制の廃止および寺院住職の任免などを各宗派の管長へ委任によって神社「非宗教」化の骨格的な姿形が示された後、さらに制度的な整備が進み、そうして1939年の宗教団体法の成立によって反対解釈的に法制度上で基礎づけられた。イデオロギー的には、1889年の明治憲法の制定、1890年の教育勅語の発布、さらに日清戦争(189

4～95年）、日露戦争（1904～05年）の帝国主義的戦時体制への「臣民」の精神的馴致化過程を経て中枢的部分が充填された、と考えられる。

第3章　明治憲法と国家神道

第1節　神社の憲法上の位置づけ

神社を「非宗教」とすることは、1889(明治22)年2月の明治憲法(大日本帝国憲法)の制定・発布以前にすでに制度的に先行していた。明治憲法制定後、神社「非宗教」化の行政上の整備が一層進むとともに、神社の憲法上の位置づけが論議されるようになったが、少なくとも憲法制定当初はこのところが曖昧なままであった。

明治憲法の第28条は、「日本臣民ハ安寧秩序ヲ妨ケス及臣民タルノ義務ニ背カサル限ニ於テ信教ノ自由ヲ有ス」と規定するが、憲法発布前年の枢密院における憲法草案審議の会議(憲法制定会議)では、憲法条文との関連で神社が宗教か否かの問題は論議の対象とならなかった。ただ、「若シ官吏ニシテ自分ノ宗旨ニ據リ朝廷ノ親祭ニ参拝セサルトキハ、憲法ノ本條ノミニ依テハ如何トモスヘカラス。或ハ此ノ如キ場合ニ於テハ之ヲ不問ニ置クカ。或ハ官吏ニハ別ニ定ムル所アルカ」(佐々木高行顧問官の質問）が問題となったが、これに対して政府側は、それは（官吏の）「服務上ノ関係ニシテ、憲法上ノ事項ニ属セス。」「臣民ノ憲法上ノ権利ト官吏ノ服務規律トハ素リ混同スヘキニ非ス」（伊東巳代治報告員）と答弁したのみであった（清水伸『帝国憲法制定会議』岩波書店、1940年、233頁）。

また、この会議に際し配布された憲法草案の解説書も神社問題には全く言及していなかった。当時の憲法解釈の権威書である伊藤博文の『帝国憲法・皇室典範義解』（国家学会、1889年）もこの点は同様であり、むしろ、信教の自由を賛美するとともに、国教樹立を批判し、こう明言していた。「信教ノ自由ハ之ヲ近世文明ノ一大美果トシテ看ルコトヲ得ヘク……国教ヲ以テ偏信ヲ強フルハ、尤人知自然ノ発達ト学術競進ノ運歩ヲ障害する者ニシテ、何レノ国モ政治上ノ威権ヲ用ヰテ教門無形ノ信依ヲ制圧セムトスルノ権利ト機能トヲ有セサルヘシ。本條ハ実ニ維新以来取ル所ノ針路ニ従ヒ、各人無形ノ権利ニ向テ濶大ノ進路ヲ予ヘタルナリ」（同上書、52頁）。

各宗教界はこの憲法を歓迎したが、それは、一つは「安寧秩序ヲ妨ケス及臣民タルノ義務ニ背カサル限ニ於テ」という制限規定の意味の曖昧さによって招来されていたところもある。この曖昧さは実は審議過程で、鳥尾小弥太によって、次のように追及されていた。「固ヨリ一般人民ニ関シテハ伊東氏ノ演ヘタル丈ケノ制限ヲ以テ足ルヘク、且ツ若シ朝廷祭祀ノ際ニ於テ人民カ礼拝セサルモ、別段国体ニ関シ又ハ義務ニ負クト云フヘカラサルヘシト雖トモ、若シ政府ノ大臣、官吏中ニ此ノ如キ事アラハ、臣民ノ義務ヨリ云ヘハ非礼トナリ、国体ヨリ云ヘハ失体トナルヘシ。此等ノ場合ニ対シテハ既ニ其措置アリヤ。」「若シ此措置未タ之アラサレハ、本條ハ不明瞭タルコトヲ免レサルヘシ」（清水、前掲

『帝国憲法制定会議』234頁)。

だが、この追及は、一般人民と区別された官吏の義務との関連であった。一般人民についてはむしろ、「朝廷祭祀ノ際ニ於テ人民カ礼拝セサルモ、別段国体ニ関シ又ハ義務ニ負クト云フヘカラサルヘシ」ということが前提になっていた。実際、人民の義務についての政府側の説明もあくまでも一般論的なものであり、朝廷祭祀との関係での義務をあげていなかった。たとえば、伊東巳代治はこう述べていた。「二十八條ニ掲クル宗教ノ自由ハ、絶対的ニアラス、制限的ノ自由ナリ。其制限ヲ挙レハ、一ハ国民ノ義務ニ背カス、二ハ社会ノ秩序ヲ妨ケス、三ハ一個人ノ信仰ノ自由ヲ妨ケス、是ナリ。此範囲ヲ超越セサル限リハ、此憲法ニ依リ、人民ハ信教自由ノ権ヲ有スルナリ」(同上)。

これらのことからすると、神社の「非宗教」化は制度的には明治憲法制定に先行していたが、少なくとも明治憲法の制定当時までは、政府当局は神社の崇敬そのものを一般人民の「臣民タルノ義務」に含めていなかったのではないかとも考えることができる。

この意味では、政府支配層のあいだでは、「この段階にあっては未だ国家神道(宮中祭祀、神社祭祀)の崇拝を国民に義務づけようとする明確な意志は未確立であった」、つまり「28条の制限条項『臣民タルノ義務』の中に国家神道の崇拝を含ませて制定したものではなかった」とは言えよう(中島三千男「『大日本帝国憲法』第28条『信仰自由』規定の成立過程」『奈良大学紀要』6号、1977年、138頁)。

しかし、同論文はまた、「『臣民タルノ義務』の中に神社神道(国家神道)の崇拝を含ませる論理は事実上国教主義をとることになるが」、当時の支配層の中にはこの「国教主義をとることは不可能、あるいは避けるべきだという認識が成立していた」（同上、127頁）としているが、この点は問題である（中島「大日本帝国憲法第28条『信仰自由』規定成立の前史」『日本史研究』168号、1976年、30頁も参照）。

先述のように、伊藤博文の『帝国憲法・皇室典範義解』は「国教」樹立を批判しているが、それ以前にすでに制度的に「国家の祭祀」としての神社「非宗教」化は先行していたのである。伊藤の「国教」批判は、この行政上の規制措置を否定しないことを前提にしており、そこでの「国教」には「国家の祭祀」が含められないというかぎりでのものであった。そして、その「国家の祭祀」は、天皇および天皇祖先に対する宗教的崇拝を中核としていた。明治初頭から政府は、「天皇の神格性」を高めるために、「天孫降臨神話も含んだ皇統の連続性を祭祀的に確認させる」ことを「本質」とする「国家祭祀の天皇主義化」を強力に推進していたのである（宮地正人「国家神道形成過程の問題点」『宗教と国家』日本近代思想体系5、岩波書店、1988年、572頁以下参照）。また、「国教主義」は、神社の崇敬を「臣民タルノ義務」に含ませなくても成り立つものである。

第2節　教育勅語と国家神道

明治憲法発布の翌年から、「安寧秩序ヲ妨ケス及臣民タルノ義務ニ背カサル限ニ於テ」のなかに具体的内容が注入され始めた。それと並行して、「信教ノ自由」の憲法明文化によって、「宗教」と「非宗教」の法的区分の問題が伏在から顕在へと動きだした。

１８９０年10月、「朕惟フニ、我カ皇祖皇宗、国ヲ肇ムルコト宏遠ニ、徳ヲ樹ツルコト深厚ナリ、我カ臣民克ク忠ニ、克ク孝ニ、億兆心ヲ一ニシテ、世々厥ノ美ヲ済セルハ、此レ我カ国体ノ精華ニシテ、教育ノ淵源亦実ニ此ニ存ス」という文で始まる教育勅語が、同年11月の第１回帝国議会開会の直前に文部省訓令として発布された。この教育勅語は、国民の教育現場において、天皇崇拝およびそれを核とする神社・神宮崇敬を浸透させるのに巨大な威力を発揮するようになった。

教育勅語発布の翌１８９１年1月、このことを象徴する最初の事件が起きた。いわゆる「内村鑑三不敬事件」である。これは、キリスト者で第一高等中学校嘱託教員の内村鑑三が、学校へ下賜された教育勅語の奉戴式で、壇上に置かれた勅語に礼拝するのを、自己の信仰上の信念に基づいて拒否した事件である。内村は国粋派から「不敬漢」「国賊」と攻撃され、結局、2月に解職となった。

この不敬事件後、井上哲次郎（哲学者で東大教授）と内村のあいだで論争があった。井上は、教育勅語を国家主義の宗教的聖典とみなしていたが、内村は教育勅語そのものに異議があったのでなく、それの宗教的な聖典化に反対していた。つまり、井上は「勅語の主意は、一言にて之を言へば、国家主義なり」、「苟も愛国の精神に富まば勅語を拝するも何かあらん」という論を展開していたが（「教育と宗教の衝突」『教育時論』２７９号、２８０号、２８１号、２８３号、２８４号〔１８９３年1月～3月〕）、他方、内村はこう反論している。「畏れ多くも我、天皇陛下が勅語を下し賜はりしは真意を推察し奉るに、天皇陛下は我等臣民に対し之に礼拝せよとて賜はりしにあらずして、是を服膺し即ち実行せよとの御意なりしや疑ふべからず」(「文学博士井上哲次郎君に呈する公開状」『教育時論』285号)。

この論争で、「国家主義」の立場から内村を攻撃していた井上自身が、その後、その著『我が国体と国民道徳』(廣文堂書店、1925年)のなかで、いわゆる三種神器のうちの鏡と剣について、「今は只模造のそれが存して居るやうである」などと書いたことで、1925年、頭山満その他の右翼から「大不敬」などと攻撃され、内閣に対して「同書ノ広布ヲ禁センコトヲ請願」の運動が起された。結局、同書は絶版処分となった。

内村は、この事件の井上に対して同情し、その日記(1926年10月24日付)のなかで、こう記している。「35年前の日本第一の忠君愛国者が今日の日本第一の不敬漢として目せらるゝとは信ぜんと欲して信ずる能はざる不可思議である。自分の如き井上氏の痛撃に会ふて、殆んど20年の長き間、日本全国に枕する所なきに至らしめられし者に取て、井上氏今回の不敬事件は唯事とは如何しても思はれない。何にか其内に深い意味があるやうに思はる。斯く言ひて今日井上氏に対し怨みを報ひんと欲するのではない。自分の場合には痛撃は壮年時代に臨んだのであって、之に由りて蒙りし傷を癒すの時があった。然し井上氏の場合に於ては老年に於て之を臨んだのであって、傷を癒すの時の甚だ短きを思ふて、其事丈けは氏に対し深き同情無き能はずである。願ふ井上氏が此際男らしき態度に出られ、立派に此難局を切抜けられんことを」(佐藤秀夫編『続・現代史資料8教育1』みすず書房、1994年、343頁)。

また、論文「神道は祭天の古俗」(『史学会雑誌』23号、24号、25号〔1891年〕、『史海』8号〔189

2年）に転載）を発表した東大教授の久米邦武が神道家等から攻撃されて、1892年、依願免官となった事件は、教育勅語と直接には関係ないが、教育勅語発布後の天皇崇拝の肥大化の潮流と不可分のものであった。1892年3月3日、久米は、論文取消文を新聞に発表した。「史学会雑誌23号より25号まで及び史海8号に掲載したる神道は祭天の古俗の考証は世人より忠告する所あり因て之を熟看するに文意円熟せざる処ありて本文記筆の精神を達すること能はさる者あるを以て全文を取消す

久米邦武」

教育勅語の問題に戻ると、1891年11月、いわゆる「御真影」（天皇・皇后の写真の敬語、宮内省の公式名称は「御写真」）も学校へ下賜され、文部省令により、「御真影」に対する礼拝と「教育勅語」の奉読が強制されるようになった。

この教育勅語の内容には、その作成に加わった法制局長官の井上毅の「此勅語ニハ敬天尊神等ノ語ヲ避ケザルベカラズ何トナレバ此等ノ語ハ忽チ宗旨上ノ争端ヲ引起スノ種子トナルベシ」（1890年6月20日、井上毅から山県有朋宛書簡「教育勅語ニ付総理大臣山県伯へ与フル意見」）という意向も取り入れられたが、しかし、神勅によって天皇が統治権を総攬することが憲法的に定礎された神権天皇制の時代的深化とともに、教育勅語の実際上の位置づけにおいて、これまた教育勅語の起草に加わった儒学者で枢密院顧問官の元田永孚の見地が支配的となっていった。つまり、教育勅語を「聖上陛下（明治天皇）」崇拝への国民教化に活用するという立場である。

そうなると、教育勅語が一貫した意図の下で制定されたものではないにしても（佐藤編、前掲『続・現代史資料8教育1』25頁以下参照）、「国体ノ精華」を謳った教育勅語が、いずれ、教育現場において、事実上で「大日本帝国の国教である国家神道の教典としての機能」（村上、前掲『国家神道』138頁）を担わされるようになるのは、避けられなかった。

そして、このことと不即不離に、明治憲法28条の「安寧秩序ヲ妨ケス及臣民タルノ義務ニ背カサル限ニ於テ」という信教の自由制限規定の一つの重要な具体的内容として、国民の神宮・神社崇敬義務が当然のごとく含められるようになった。もっとも、神宮・神社崇敬が臣民の義務とされたにもかかわらず、その神社はその後も依然として、行政的には「非宗教」とされていた。

ある神社神道関係者は、教育勅語の機能について次のように言う。井上毅は、教育勅語を「国務上の詔書と区別して、君主の社会上の著作たるべきものと解した。かれの提示せる7ヶ条の条件は、いずれも消極的なものであって、この勅語が国法的な力をもって強制されるべきでないことを力説した。かれは精神上哲学上の問題は『決して君主の命令に依りて定まるべきものにあらず』と言明した。しかしこの井上の所謂『君主の社会上の著作』が一たび渙発されると、それは非常に強大な影響をひきおこし、それは一般の国務上の詔書以上の絶大な社会的権威となった。社会的権威は、当然に国法の解釈運用にも大きな作用を及ぼさざるをえない。この教育勅語によりて社会的に高揚された国体精神は、当然に憲法解釈の上にも影響を及ぼして来る」（葦津珍彦「帝国憲法時代の神社と宗教」『明治維新神道百年史』第2巻、216～217頁）。

教育勅語と教育現場との関係で看過すべきでないのは、1899年、政府が「宗教」を学校教育から分離する行政措置をとったことである。「一般ノ教育ヲシテ宗教ノ外ニ特立セシムハ学政上最必要トス依テ官公立学校及学科課程ニ関シ法令ノ規定アル学校ニ於テハ課程外タリトモ宗教上ノ教育ヲ施シ又ハ宗教上ノ儀式ヲ行フコトヲ許サザルベシ」(1899年8月3日・文部省訓令12号)。

これによって、学校教育において、教育勅語を教典とする天皇崇拝の神権天皇制イデオロギー(これは行政上、「宗教」とはされていない)が独占的に子どもたちに注入されるようになった。この行政措置はまた、それまで黙認状態であったキリスト教が同年に初めて公認されたことへの対応策として、学校でのキリスト教教育を締め出すことを意図していたものであり、実際、キリスト教系学校は、これによって大きな打撃を受けた。

第3節　教育勅語と一体化された「君が代」

明治憲法下、「君が代」を正式に「国歌」と定めた法律は一貫して存在しなかった。しかし、教育現場においては、「君が代」は教育勅語と一体的に運用されていた。

明治以前、「君が代」は本来的に天皇讃歌であったわけではない。「君が代」の歌詞の原型は、平安朝期の『古今和歌集』(905年)の巻第七「賀歌」に収載された〝題しらす　讀人しらす〟の「我君は千世に八千世にさゝれ石の巌となりて苔のむすまて」という祝い歌ともいわれるが、1010年代に成立した『和漢朗詠集』には、「君が代は……」という歌詞で収載されている。ただし、『古今和歌集』『和漢朗詠集』ともに種々の伝本があり、原型の歌詞はいまだ不確定である。また、その歌のなかの「君」は、歴史的には〝祝賀を受ける年長者〟〝あなた（相手方）〟〝主人〟などを指してきて、必ずしも固定した意味を有していなかった。

ところが、明治期の1880（明治13）年、宮内省雅楽課の林廣守が作曲し（実際には、彼の長男の林廣季と奥好義が合作したものであり、林廣守作曲というのは雅楽課を代表しての名義であるとする説も有力）、これにドイツ人のF・エッケルトが編曲した「君が代」における「君」は天皇を指すとされ、こうして「君が代」は文字通り天皇讃歌に特化された。この「君が代」は、1880年の明治天皇誕生日の「天長節」で初めて演奏された。

天皇讃歌としての「君が代」は、その後、文部省主導で教育現場において浸透させられていく。すなわち、1893年の文部省告示で、小学校において祝日大祭日の儀式を行なう際に唱う曲の一つとして「君が代」が指定され（小学校祝日大祭日儀式唱歌用歌詞及び楽譜撰定）、1900年の「小学校令施行規則」（1941年に「国民学校令施行規則」へ改正）で、職員・児童が、「紀元節」「天長節」「1月1日」に学校へ参集して式を行ない、「君が代」を唱うことが定められた（ただし、「唱歌ヲ課セサル学校」において、「君が代」合唱を欠くことができた）。

この小学校令施行規則をみると、教育現場では、「君が代」の合唱が、「天皇御影」への最敬礼および「教育勅語」の奉読と一体的であったことが分かる（改正「国民学校令施行規則」も同様）。小学校令施行規則のなかの関連規定は、次の通り。

第28条　紀元節、天長節及1月1日ニ於テハ職員及児童、学校ニ参集シテ左ノ式ヲ行フヘシ

一　職員及児童「君カ代」ヲ合唱ス

二　職員及児童ハ
　　天皇陛下
　皇后陛下ノ御影ニ対シ奉リ最敬礼ヲ行フ

三　学校長ハ教育ニ関スル勅語ヲ奉読ス

四　学校長ハ教育ニ関スル勅語ニ基キ聖旨ノ在ル所ヲ誨告ス

五　職員及児童ハ其ノ祝日ニ相当スル唱歌ヲ合唱ス

文部省は１９３７年、法令外の国定教科書『尋常小学修身書・巻４』（児童用）のなかで、「君が代」を「国歌」と記した。だが、この「国歌」の記述は、１９４２年の国民学校教科書『初等科修身２』で消去され、「君が代」の名称のみ残された。このように「君が代」は、ほんの一時期、小学校の教科書で「国歌」と記されたことがあったにしても、明治憲法下で、正式の法律でもって「国歌」と定められたことはなかった。

ただし、文部省は、行政上の取扱いとして、１９４１年4月、「文部省普通学務局通牒」のなかで

「君が代」を「国歌」とし、「国歌をうたふときは、姿勢を正し、真心から宝祚の無窮を寿ぎ奉る。国歌を聴くときは、前と同様に謹厳な態度をとる。」と指示していた。

天皇讃歌としての「君が代」の趣旨について、『尋常小学修身書・巻４』（児童用）は、こう述べていた。「『君が代』の歌は、『我が天皇陛下のお治めになる此の御代は、千年も万年も、いや、いつまでもいつまでも続いてお栄になるように。』という意味で、まことにおめでたい歌であります。私たち臣民が『君が代』を歌ふときには、天皇陛下の万歳を祝ひ奉り、皇室の御栄を祈り奉る心で一ぱいになります」。

また、同教科書の「教師用」はこの点について、より詳しく次のように説明していた。

目的：「国歌『君が代』の趣旨を教へて、尊王愛国の精神を養はせるのを、本課の目的とする」。

教授要領：「此の歌の意味は、『我が天皇陛下のお治めになる此の御代は、千年も万年も、いや、いつまでもいつまでも続いて、限りなくお栄になるように、譬へば小さい石が大きな巌になり、それに苔が生えるまで、それ程、永く限りなくお栄になるやうに。』といふことで、臣民の真心から御代の無窮を祈り奉る誠におめでたい歌であります。日の丸の旗が日本の国柄や国民の精神を形や色によく示してゐるやうに、『君が代』の歌は又我が国柄や国民の精神を言葉や調子によく現してゐます。短い歌ではありますが、これ程よく臣民の至情の表れてゐるものはありません。私たち臣民としては、此の歌の通り、天皇陛下の御代万歳を祝し奉る真心の外には、何物もありません。これが遠い祖先以来臣民の唯一の念願であり、又今日九千万同胞の無二の歓喜であります」。

注意すべきは、「君が代」を正式に国歌と定めた法律が存在しなかったことは、「君が代」を法律上の国歌へ〝格上げ〟できなかったことを意味するものでないことである。「君が代」は、「国歌」＝「国の歌」以上のもの、つまり天皇が国の上に位置することを示すものであった。

要するに「君が代」は、明治憲法下で、国家忠誠を含みながらも、それを超えた天皇忠誠へと精神的に駆り立てる天皇讃歌としての働き、すなわち「尊王愛国」の精神の涵養を担わされていたのである。これは、帝国議会の議論に付され得るものではなかった。

第４節　宗教（宗教団体）法案

(1) 宗教法案の提出

神社に対する行政的な「非宗教」の取扱いは、明治憲法下で異議なく定着したわけではない。とりわけ、政府が一般宗教の統制・取締りをするための宗教法案の制定を志向し始めたことによって（3回の廃案の後、4回目に宗教団体法として成立）、神社が「宗教」か「非宗教」かの論が触発されて出てきた。

１８９９年12月、政府は最初の宗教法案を提出したが、貴族院での法案審議において、穂積八束委員はこう質問した。「此法律ヲ読ミマス際ニ必ズ神社ハドウナルカト云フコトハ誰シモノ頭ニ浮ンデ疑ヲ懐クノデアリマスガ、ドウスルカ御主意ガ定マッテ居レバ伺ヒタイノデアリマス」。
これに対して、政府側は、「今日ノ所デハ、神社ノコトニ付テハ直グ至急ヲ要シテ規則ヲ拵ヘネバナラヌヤウナ必要モ見マセヌカラ、宗教ニ対シテ今日ハ法案ヲ拵ヘタノデアリマス。……是（＝神社）ハ全ク宗教トハ別ナモノト見テ居リマスカラ、此方ニ付テハ如何ニスルカト云フ考ハ今日調査中ニナッテ居リマス」と答え、神社を宗教から区別することを提示した（1900年2月1日・第14回帝国議会貴族院議事速記録第5号、17頁）。しかし、神社と宗教を区別することにおいては明確であっても、当時、確固たる神社政策が定立されていたわけではなかった（政府の言では「調査中」）。こうした状況のなかで、その後、政府は、「非宗教」としての神社の国教化を行政と制度の面で一層推し進めていった。

1900年4月、内務省は社寺局を廃止して神社局と宗教局とに分離し、制度上、神社と宗教を区別することを明確にした。また、1906年4月、官国幣社に対する国庫供進金制度、府県社・郷村社に対する公費供進金制度の実施によって、神社は財政的に国および地方の権力と結びつけられた。さらに、1913年6月、政府は宗教局のみを内務省から文部省に移管し、ここに神社行政と宗教行政の分離が確立された。

祭祀の内容についても国定化が行われ、1907年6月に神社祭式行事作法、1914年1月に神宮祭祀令、官国幣社以下神宮祭祀令、同年3月に官国幣社神宮祭式がそれぞれ公布された。

ここで注視すべきは、神社のうちでも靖国神社のみは別異扱いされていたことである。他の神社と異なって、靖国神社のみ1879年に内務・陸軍・海軍の三省の管轄とされたが、1887年に陸軍・海軍両省の管轄（神職任免権を陸軍・海軍両省が掌握）へ改められた。このことが「他の神社にくらべて、靖国神社が超越的な優位をしめつづける大きな理由となった」（大江志乃夫『靖国神社』岩波書店、1984年、113頁）と同時に、靖国神社が軍隊組織と直結させられ、「戦争の神社」となったのである。ここに、靖国神社の極めて特異な性格がある。

2回目の宗教法案は1927年1月に提出されたが、これに先立って、その原案が宗教制度調査会（1926年5月設置）の審議に付された。

この審議において、宗教としての神社と競合することを避けたい仏教側の委員から、神社を名実ともに「非宗教」に封じ込めるため、神社を「非宗教」として明文化した修正案が提出された。これに対して政府は、文部当局は神社は宗教圏外のものであると言明してきたので改めて法的に明記する必要がないとして拒否した（1926年8月26日・宗教制度調査会〔第9回特別委員会〕議事録、29頁）。このことは、神社を一般宗教から区別すると同時に、他方で、「宗教でない」ことをも法条文化しないという政府の方針を示していた。

3回目の宗教団体法案（宗教法案の名称を変更）は1929年に提出されたが、この審議において政府は、神社が宗教であるか否かについての諸説を紹介し、あわせて政府の見解を出した（1929年

3月2日・第56回帝国議会貴族院議事速記録第6号、26頁以下)。

神社ヲ以テ宗教ニ非ズトスル説。

一　神社ハ国体竝ニ道徳ノ表敬ナリ、且一般宗教ノ如ク開祖及教典ヲ有セズ、又未来ヲ説カズ故ニ宗教ニ非ズ。

二　神社ハ日本古代民族ノ延長ニシテ宗教ト起点ヲ異ニス、又神ノ性質ニ於テモ外国ノ宗教概念ト全ク趣ヲ異ニセリ。

三　神社奉祀ノ本義ハ尊敬ナリ、又敬愛ナリ、故ニ神ヲ祀ルハ父母ニ仕フルト同ジク祭祀ハ孝ノ延長ニシテ祈願祈念ハ奉仕精神ノ反響ナリ、故ニ一般宗教トハ全ク趣ヲ異ニス。

四　出発点ニ於テ神社神道ハ国家的、既成宗教ハ個人的ナリ、又祖先崇拝ハ国民一切ノ道徳的規範ニシテ宗教的行為ニ非ズ。

神社ヲ以テ宗教トスル説。

一　比較宗教学ノ見地ヨリスレバ、神道(広キ意味ニ於テ)ハ一般宗教ノ発達進化ノ過程中ニ含有セラルベキモノニシテ、歴史的事実及ビ現状ニ徴スルモ、宗教的性質ヲ有セリ。

二　神社ハ日本民族固有ノ宗教意識ニヨリ成立セルモノニシテ、祭祀、祈禱等種々ノ宗教的要素ヲ含ム、結局神社ニハ「国法上ノ神社」ト「社会意識上ノ神社」ノ二方面ニ区別セザルベカラズ。

三　神社ガ種々ナル宗教的行為ヲナシ、又宗教団体ノ為スベキ事業ニ携ハルコトハ当局ニ於テモ之ヲ認メ、又神社自身ニ於テモ廃止スルヲ得ザル以上、事実上ニ於テ宗教ナリトス。

四　神社ハ制度上宗教ニ非ズトナスモ、一般民衆ハ之ヲ宗教ト認ム、又過去日本民族ノ宗教生活ニ徴スルモ、宗教ナリトセザルベカラズ。

政府見解「神社カ宗教ニアラサル理由」

神社カ宗教ニ属スルヤ否ヤハ学問上別ニ研究ノ方法アルヘキモ、之ヲ国家ノ制度ノ問題トシテ考フル場合ハ、現行法制ニ基キテ其ノ性質如何ヲ決定セラルヘキモノナリ。依而此ノ趣旨ヲ以テ神社ノ本質如何ヲ稽フニ、我カ国ノ神社ハ建国ノ大義ニ基キ皇祖皇宗ノ神霊ヲ始トシ、国家自ラ之ヲ設営セルモノニシテ、神社ノ祭祀並経営ニ関シテハ厳ニ国法ヲ以テ之ヲ規定シ、其ノ国家ノ宗祀タルノ実ヲ明ラカニシテ、又神社ノ祭祀ニ従事スル職員ニ対シテモ、国ニ於テ其職制ヲ規定シ、神職ノ国家機関トシテノ職務権限を明カニス。……右述フルカ如ク、現行制度ノ下ニ於テハ、神社ハ国家ノ公ノ施設タリ、神職ハ国家ノ公務ニ当ル公ノ職員ニシテ、個人ノ信仰ヲ以テ其ノ目的トスル諸ノ宗教トハ全ク其ノ性質ヲ異ニス。神社ニ於テ行ハルル祈願祈禱等ノ如キハ、神社崇敬ニ附随スル自然ノ結果ニシテ、神社ノ本質カ前述ノ如クナル以上之等ノ行事アルカ為メ神社ヲ以テ宗教的施設ナリトスルハ当ラス。……神社ハ宗教ノ施設ニアラサル結果、憲法第二八條信教ノ自由ニ関スル條規ハ神社ト関係ナキモノト思考ス。

(2) 神社法の制定を志向

これらの諸説および政府見解に表れている神社「非宗教」論の要点は、日本国憲法下において、ほぼそのままに、またはいくらかの粉飾ないし変形をこらして復活しているが(本書の第三部第3章、第4章を参照)、この点はともかくとして、当該宗教団体法案が廃案になった後、1929年2月、政府は内務省に神社制度調査会を設置し、宗教法とは別立てに神社法の制定を目論んだ。この目的のためにまず、神社制度調査会は、宗教界にそれぞれの立場に基づく意見を求めた。

これに対して真宗各派は、「神社は国家の経営にして、全国民の思想此に統一せらるべきものなり。故に神社は国民一般の崇敬対象たるを要す。もし神社にして宗教味を帯ぶれば崇敬の普遍性を失ふものあるや必然なり。故に神社の尊厳を維持することは其の徹底的に非宗教たるを要するや明なり」と主張し(「神社問題に就て真宗各派の声明書(1930年1月13日)」『神社協会雑誌』29巻3号、1930年、37頁以下)、キリスト教各派は、「一 此際神社は宗教なりや否やの問題を決定し又超宗教其他如何なる名目に於ても之を曖昧に付せざるやうせられたき事。二 神社を宗教圏外に置くものとせば其崇敬の意義及び対象を明かにし、教派神道との混淆を正し、祭祀祭式の宗教的内容を除き、且つ祈禱、祈願、神札、護符の授与、又は葬儀の執行、その他一切の宗教的行為を廃止せられたき事。三 神社を宗教圏内に置くものとせば、直接にも間接にも宗教行為を国民に強要せられざる事。」等を希望した(「基督教徒・神社問題に関する進言書」『読売新聞』1930年5月25日)。

また、神社側は次のような論を展開しながら、神社「宗教」論と神社「非宗教」論の両方を排して、超宗教(一般宗教を超えた教)の確立を要求した。「祭祀は皇国政治の根基、国民道徳の根幹たると共に、神社は国民信仰の理想的対象なり。……現今或は神社を以て宗教たらしめんとし、或は又神社成立の根本義を知らずして、その霊妙の作用を奪ひ、之を記念物化せんとす。若し、わが制度上一度神社を宗教と認定せんか、則憲法第二八条の厳存するあり、現在国家が建国の本義を守り、国民思想統一の大方針下に励行する神社崇敬の実は、忽にして幾多の障碍に会するを免かれざるべし。若し又神社を以て『非宗教』なる語の下に之を記念物化せんか、果して後に存するものの何物ぞや。畏尊すべき神霊の存在を無視し、生生活躍すべき神社を以て之を一死物足る記念物とせば、その刹那、神社は本来の真意を失ふなり。……宗教徒は、各その宗とする所を拝すべし。是憲法二八条の保証する所なり。而して更に吾神明を尊崇し、その本義に鑑み宗教を超越するの国民的大信念を以て神社に対すべし」(「東京府神職側の神社制度調査に関する声明書」『神社協会雑誌』29巻4号、1930年、56頁以下)。

これらの意見を受けた後、神社制度調査会は政府に対して、「神社は宗教なりや否やに関して政府は如何に見るか」という質問を提出したが、政府(安達内相)は従来の姿勢を維持し、こう返答した。「神社が学問上広義におけるいはゆる宗教の範類にはいるや否やは別問題として日本の国家と神社との特別の関係を思へば神社はいはゆる国家の宗し(ママ)として永遠にこれを尊崇しなければならぬもので従来制度上神社を宗教と全然区別して取り扱つて来たことは至当のことと思ふから将来ともこの方針で行きたい。また神社の祈とう神札授与等の行為が問題となつてゐるがこれ等の行為は古来の民俗的慣習に基く神社尊崇の現れとして神社そのものと共に従来一般の宗教行為と区別されてゐる。要するに神社は我国独特の制度として特殊の地位を有するから政府としても唯今までの所では従来の取扱方針を変更する考へはない」（『神社協会雑誌』29巻8号、1930年、37頁）。

このように、政府が、神社が宗教であるか否かの「本質問題」に正面から答えることを回避し続ける方策を堅持したことによって、神社制度調査会もこの問題について結論を出すことができず、神社法の制定は頓挫した。

（3）宗教団体法の成立

他方、宗教団体法案は4回目の提出によって、1939年4月に成立した（翌年4月施行）。その第1条は、「本法ニ於テ宗教団体トハ神道教派、仏教宗派及ビ基督教其ノ他ノ宗教ノ教団（以下単ニ教派、宗派、教団ト称ス）並ビニ寺院及ビ教会ヲ謂フ」と規定していた。ここに、神社が一般宗教から分離され、「宗教団体」とみなされないことが反対解釈的に法律上で確認された。しかし、同時にこの法律は、神社が「非宗教」であることを法的に明記したものでないことにも注意が必要である。行政上では神社「非宗教」論をとりながらも、実質面で神社の宗教的機能を保持するために神社「非宗教」を法的に明文化しないということは政府のこれまでの方針であり、これは今回の宗教団体法にも反映された。

ここで注意すべきは、この宗教団体法の成立時は、３回目の宗教団体法案までと異なって、神社が宗教であるか否かを問うこと自体がはばかられる時代状況であったことである。主権は法人たる国家にあり、天皇は統治権行使の最高国家機関であるとする国家法人説に依拠する美濃部達吉の天皇機関説は、長らく明治憲法学での通説であったが、これは、１９３５年、国粋派の右翼勢力に攻撃され、政府も天皇機関説を否定する「国体明徴」の声明を出した（同年の8月と10月）。その後、１９３７年7月の盧溝橋事件、38年5月の国家総動員法施行、39年5月のノモンハン事件、同年7月の国民徴用令施行、同年9月の第二次世界大戦開始、40年9月の日本・ドイツ・イタリアの三国軍事同盟締結、同年10月の大政翼賛会発足等の重大事が続出した。

天皇は主権者以上の存在となり、全体主義的国家主義（ファシズム）がいっそう深まっていった。この時期に刊行され、教育機関、各官庁に約２００万部が配布・利用された文部省『国体の本義』（文部省、１９３７年）は、当時の天皇および神社をめぐるイデオロギーを象徴的に示していた。以下のような内容である（よみがなは原文）。

「天皇は、皇祖皇宗の御心のまにまに我が国を統治し給ふ現御神であらせられる。この現御神（明神《あきつかみ》）或は現人神《あらひとがみ》と申し奉るのは、所謂絶対神とか、全知全能の神とかいふが如き意味の神とは異なり、皇祖皇宗がその神裔であらせられる天皇に現れまし、天皇は皇祖皇宗と御一体であらせられ、永久に臣民・国土の生成発展の本源にましまし、限りなく尊く畏き御方であることを示すのである。帝国憲法第1条に『大日本帝国ハ萬世一系ノ天皇之ヲ統治ス』とあり、又第3条に『天皇ハ神聖ニシテ侵スヘカラス』とあるのは、天皇のこの御本質を明らかにし奉つたものである。従つて天皇は、外国の君主と異なり、国家統治の必要上立てられた主権者でもなく、智力・徳望をもととして臣民より選び定められた君主でもあらせられぬ」（23～24頁）。「我が国は現御神にまします天皇の統治し給ふ神国である」（102頁）。「神社に斎《いつ》き祀る神は、皇祖皇宗を始め奉り、氏族の祖《おや》の命《みこと》以下、皇運扶翼の大業に奉仕した神霊である。この神社の祭祀は、我が国民の生命を培ひ、その精神の本となるものである」（104～105頁）。「神社は国家的の存在であるのを根本義とするものであるから、令《りやう》に於ける神祇官以来、国家の制度・施設として存して来たのであつて、現在に於ける各派神道、その他の一般の宗教とはその取扱を異にしてゐる」（106頁）。

第4章　神社の「超宗教」化——天皇と神道の政治利用の頂点

行政上の神社「非宗教」的取扱いと神社の宗教的機能の実質上の保持は、天皇と神社の政治利用の二つの側面であるが、宗教団体法の成立時、国民を精神的に統制するために神社の宗教的機能の側面をいっそう発揮させる必要性が、当時の戦争状況によって強く出てきた。これは、神社を「非宗教」として一般宗教から区別する位置づけを維持しながらも、同時に、「宗教ヲ超越スル教」として認識することに表れた。このことは、宗教団体法案の審議における政府側の説明に見られる。

「（国務大臣・平沼麒一郎）我国ニ於キマシテハ祖神ノ垂示シ給フ所、即チ惟新ノ道ハ絶対ノ道デアリマシテ、国民総テ之ヲ遵奉致サナケレバナラヌモノデアリマシテ、之レニ違フ所ノ、是ト抵触スル所ノ教ノ存在ハ許サレナイノデアリマス、併シ我国ニ於テハ之ヲ宗教ト致シマセデ、却テ宗教ノ上ニ超越スル所ノ我ガ固有ノ教ト致シテ居ルノデアリマス」（1939年2月24日・第74回帝国議会衆議院議事速記録第16号、320頁）。「（国務大臣・荒木貞夫）我国ノ祭祀ハ御承知ノ如クニ、我国ノ肇国ノ大義ニ基キマシテ、皇祖皇宗ノ神霊ヲ初メ奉リ、帝国ノ神祇ヲ奉斎致シマシテ、又帝国ニ功績ノアリマシタ人々ノ神霊ヲ祭祀致シテ居リマスル国ノ宗祀デアリマシテ、我国ニ於テハ宗教ノ以外ニ超越シテ居ルモノト致サレテ居ルノデアリマス」（同上、321頁）。

その後、1940年11月、内務省の神社局が廃止され、内務省の外局として神祇院が設置され、これによって、神社を超宗教的教として国教化することが制度的に補強された。

この時点での神社総数は、官国幣社205社以下11万478社、神職1万5321人であり、また1942年までに、アジアの植民地にも多くの神社が建設された。たとえば、朝鮮に198社、台湾に21社、中国大陸に73社が建設された。


戦争が全面化していくにつれて、神社の宗教性はアジア侵略戦争＝「聖戦」遂行のための精神的支柱として遺憾なく発揮され、戦争に対する国民の抵抗力を完全に麻痺させた。これは、天皇と神社を最大限に政治利用した国家神道の威力の極致であった。

神社が「聖戦」の精神的支柱と化したのは、神社神道それ自体の必然的結果ではなく、多面的・重層的な内容を有する神社神道が、明治維新以降、神社神道の長い歴史からみて、異様に短期間に、その豊かな民衆的伝統の側面が切り捨てられ、あるいは、その民衆的伝統のなかで神権天皇制に利用できる部分が巧妙にからみとられ、天皇崇拝という結節点を通して、国家権力に接合されたことによる悲劇であった。

戦争末期、国家神道がカルト的な様相を呈していたことは、敗戦の前年に出された神祇院編『神社本義』（神祇院、1944年6月発行、8月再刷）の内容をみればよく分かる（よみがなは原文）。

「神国日本にあつては、皇祖天照大神の神統を承け給ふ天皇が、寳祚を践み神意を継いで、永遠に互つて肇国の宏謨を恢弘せさせ給ふ。かやうに輝かしい国体を核心とし、肇国の大精神を以て国史を貫いてゐる国は、我が神国日本のみであつて、外には世界の何処にも存在しないのである」（1〜2頁）。

「我が国にあつては、歴代の天皇は常に皇祖と御一体にあらせられ、現御神《あきつみかみ》として神ながら御代しろしめし、宏大無辺の聖徳を垂れさせ給ひ、国民はこの仁慈の皇恩に浴して、億兆一心、聖旨を奉体し祖志を継ぎ、代々天皇にまつろひ奉つて、忠孝の美徳を発揮し、かくて君民一致の比類なき一大家族国家を形成し、無窮に絶《かは》ゆることなき国家の生命が、生々発展し続けてゐる。これ我が国体の精華である。この万世易ることなき尊厳無比なる国体に基づき、太古に肇まり無窮に通じ、中外に施して悖《もと》ることなき道こそは、惟神の大道である。しかして惟神の大道が、最も壮厳にして尊貴なる姿として現はれたものに神社がある。伊勢の神宮を始め奉り、各地に鎮まります神社は、尊厳なる我が国体を顕現し、永久に皇国を鎮護せられてゐるのである」（2〜3頁）。

「惟神の大道とは、本居宣長が天皇の天下《あめのした》をしろしめす道であると解してゐるやうに、現御神《あきつみかみ》にまします天皇が神の御心のままにこの国を統治し給ふ道のことである。天神《あまつかみ》より承け継がせ給ふた天皇御統治の道であるから、神皇の道又は皇道ともいひ、広くはこれを神道とも称する」（3〜4頁）。

「祭政一致は皇国統治の本質である。……祭政一致とは、畏くも天皇が神を祭り、神意を承けて、現実に国政の上にこれを施し給ふことであつて、祭とは皇祖天照大神に奉事して、その御心を御体得あらせられることを申し、政とはかくして御体得あらせられた大御心を、大政の上に具現あそばされることを申すのである。即ち我が国に於いては祭政維《こ》れ一で、祭と政とは全く渾然たる一体をなしてゐるのである」（13〜14頁）。

「今や我が国は、世界史上空前ともいふべき画期的な新時代を創造しつつあつて、世界に新しい方向と秩序とを興へ、人類の文化を正しき進展に導くべき使命を成し遂げんとしてゐる。……この際、我等日本人が先ずみづから拠り進むべき道は、古今を貫ぬいて易《かは》らざる万邦無比の国体に絶対随順し、敬神の本義に徹し、その誠心を一切の国民生活の上に具現し、もつて天壌無窮の皇運を扶翼し奉るところにある。これ即ち惟神の大道を中外に顕揚する所以である。まことに天地の栄えゆく御代に生れあひ、天業恢弘の大御業に奉仕し得ることは、みたみわれらの無上の光栄であつて、かくして皇国永遠の隆昌を期することができ、万邦をして各々その所を得しめ、あまねく神威を諸民族に光被せしめることによつて、皇国の世界的使命を達成せられるのである」（１３２〜１３３頁）。

先に、戦争に対する国民の抵抗力の麻痺化について述べたが、抵抗力の麻痺化には、国民を馴致させる国家神道による「教化」と国家権力の物理的弾圧によるものがあり、これらは目的遂行のための表裏の手段であり、両者は一体的であった。

物理的弾圧には、１８８０年に制定された刑法上の不敬罪（天皇、太皇太后・皇太后・皇太子・皇太孫・皇族・皇陵・神宮に対する不敬の行為をする罪、１９４７年の刑法一部改正で廃止）および警察犯処罰令（内務省令、１９０８年制定、１９４８年廃止）がしばしば用いられたが、１９２５年制定の治安維持法

（1945年にGHQ指令で廃止）の弾圧力もすさまじかった。その他、出版法（1893年制定、1949年廃止）、新聞紙法（1909年制定、1949年廃止）などにも神権天皇制の維持に関連する取締り条項が規定されていた。

注意すべきは、国民の抵抗力の麻痺化は、国家神道による「教化」と国家権力の弾圧のみによるものではなかったことである。神社以外の一般宗教の政治利用もあった。確かに、「近代日本の宗教の歴史は、宗教弾圧の歴史であったといっても過言ではない」（小池＝西川＝村上編『宗教弾圧を語る』岩波書店、1978年、226頁）かもしれないが、宗教統制・弾圧の内容、態様、強度には時期的な相違・段階があった。概略的には、明治時代で、宗教制度の整備期の1880年代までは、宗教統制・弾圧が比較的に緩やかであった。しかし、明治憲法制定、教育勅語発布を経て、日清、日露戦争後は宗教統制・弾圧が苛烈化し、一般宗教への監督、干渉が常態化するようになった。つまり、日清、日露戦争後は、一般宗教の活動は、基本的には天皇崇拝を核とする国家神道を崇敬し、「国民の善導」に協力するかぎりでの、いわゆる「公認宗教」としての宗教活動であった。これが、一般宗教の政治利用である。一般宗教の側にも、国家権力へのへつらい、媚び、追従、あるいはいわゆる「忠誠競争」もあった。

1939年、帝国議会に提出された「宗教団体法案」は、「宗教団体ニ対スル国家ノ保護監督」を「適正」にすることを主要目的の一つにしていたが、なぜこのことが必要であるかについて、担当国務大臣の荒木貞夫はこう述べていた。

「宗教ガ国民精神ノ振作、国民思想ノ啓導ニ重大ナル関係ヲ有スルコトハ言ヲ俟タヌ所デアリマスルガ、特ニ現下非常時局ニ際シマシテハ、人心ノ感化、社会風教ノ上ニ甚大ナル影響ヲ齎ス宗教ノ健全ナル発達コソ肝要デアルト申サネバナラナイデアリマス」（１９３９年1月25日・第74回帝国議会貴族院議事速記録第4号、38頁）。

この「国民精神ノ振作、国民思想ノ啓導」に各宗教を利用することは、明治憲法下の政府の宗教政策の一貫した特質の一つであったが、１９３０年代・40年代の戦時期では、一般宗教の政治利用は最高度に達した。

第三部　政治利用への回帰：日本国憲法の浸食

第1章　国家神道の崩壊

第1節　人権指令と神道指令

1945（昭和20）年8月、日本政府はポツダム宣言を受託し、連合国軍に対して無条件降伏した。このポツダム宣言の第10は、「日本国政府ハ日本国国民ノ間ニ於ケル民主主義的傾向ノ復活強化ニ対スル一切ノ障礙ヲ除去スベシ言論、宗教及思想ノ自由並ニ基本的人権ノ尊重ハ確立セラルベシ」であった。これは、当然、「国家神道」の解体を前提にしていた。

同年10月4日、連合国軍総司令部（GHQ）は日本政府に対し、「政治的、社会的及宗教的自由ニ対スル制限ノ除去ノ件」（いわゆる「人権指令」）という覚書を発して、「天皇、皇室及帝国政府ニ関スル自由ナル討議ヲ含ム思想、宗教、集会及言論ノ自由ニ対スル制限ヲ設定又ハ之ヲ維持スルモノ」に関係するすべての法律、勅令、省令、命令および規則の廃止等を命じ、また、10月22日、「日本教育制度ニ対スル管理政策」を出して、軍国主義的・超国家主義的な教育を禁止した。

そして、同年12月15日、総司令部は、「宗教ヲ国家ヨリ分離スル」ことを目的として、「国家神道、神社神道ニ対スル政府ノ保証、支援、保全、監督並ニ弘布ノ廃止ニ関スル件」（いわゆる「神道指令」）を発した。

この「宗教ヲ国家ヨリ分離スル」という目的の詳細は、次の通りである。「二（イ）本指令ノ目的ハ宗教ヲ国家ヨリ分離スルニアル。マタ宗教ヲ政治目的ニ誤用スルコトヲ防止シ正確ニ同ジ機会ト保護ヲ与ヘラレル権利ヲ有スルアラユル宗教、信仰、信条ヲ正確ニ同ジ法的根拠ノ上ニ立タシメルニアル。本指令ハ啻ニ神道ニ対シテノミナラズアラユル宗教、信仰、宗派、信条乃至哲学ノ信奉者ニ対シテモ政府ト特殊ノ関係ヲ持ツコトヲ禁ジ、マタ軍国主義的乃至過激ナル国家主義的『イデオロギー』ノ宣伝、弘布ヲ禁ズルモノデアル」。また、「国家神道」の意味については、こう述べている。「二（ハ）本指令ノ中ニテ意味スル国家神道ナル用語ハ日本政府ノ法令ニ依ツテ宗派神道或ハ教派神道ト区別セラレタル神道ノ一派即チ国家神道乃至神社神道トシテ一般ニ知ラレタル非宗教的ナル国家的祭祀トシテ類別セラレタル神道ノ一派（国家神道或ハ神社神道）ヲ指スモノデアル」。

この神道指令は、戦後日本の宗教政策の基本となるとともに、新憲法の信教の自由条項の内容を方向づけた。総司令部は当初、日本政府自らの手で国家神道の廃止と政教分離を実現させる方針であったが、旧支配勢力を代表する当時の日本政府には国家神道に強い執着があり、結局、総司令部は守旧的な日本政府の姿勢を見限って、指令という形で当初の目的を実施する方針に転換した。この過程は新憲法の制定過程と酷似していることに注意する必要がある。

また、神道指令にみられるように、総司令部が神社を最初から「宗教」とみなしていたことは、神社側にとって幸いした。当時は神社の存在そのものが危うくなっており、日本政府は、たとえすべての神社が閉鎖されても伊勢神宮だけは残したいという線にまで追い詰められていた。ところが、信教の自由を保障することを内容とする神道指令によって国家から分離された神社は、逆に「信教の自由」の名目下で、その存在が許されることになったのである（岸本英夫「嵐の中の神社神道」『戦後の宗教と社会』岸本英夫集・第5巻、渓声社、１９７６年、3頁以下参照）。

神道界内部にも、神道指令によって神社神道も信教の自由を享受できるようになったことを歓迎した人々がいた。たとえば、神社本庁講師を兼任していた国学院大学教授の小野祖教は、次の主旨の論文を書いていた。神道指令はすべての宗教がしたがわねばならない義務である。神道指令は神道の打破を目的としているという誤った、しかし一般化した俗説によって目隠しをされたために、人々が、神道指令にしたがうことによって再生された神道も他の宗教と同様に信教の自由を享受することができるということを認識しないのは不幸なことである（当時、総司令部の民間情報教育局宗教課調査スタッフであったW・ウッダード著、阿部美哉訳『天皇と神道——GHQの宗教政策』サイマル出版会、１９８８年、78～79頁）。

この後、１９４５年12月28日、国家による宗教の統制を廃除した宗教法人令が公布された（１９３9年制定の宗教団体法の廃止）。また、翌１９４６年1月1日（前年の12月31日公表）、天皇を「現御神《あきつみかみ》」

とするのは「架空ナル観念」であると宣言したいわゆる天皇「人間宣言」（神格否定の詔書）が出され、1月31日、神祇院官制が廃止された。さらに、2月2日、宗教法人令が一部改正され、「神宮」「本令施行ノ際現ニ地方長官ノ保管ニ係ル神社明細帳ニ記載セラレタル神社」「別格官幣社靖国神社」は、宗教法人令上の宗教法人とみなされるようになった。これを受けて、神社関係者は2月3日、宗教団体としての「神社本庁」を設立した。そうして、1951年4月3日、宗教法人法が公布・施行された。

神社が私的な宗教法人となったことによって、戦前、国家権力の末端組織の役割を担わされていた各住民団体と神社との結びつきの廃除が迫られるようになった。1946年8月19日に出された文部大臣官房宗務課長の地方長官宛の通達「神社の奉納金祭典費等について」は、以下のことは不適当なので今後行なわないように指導すべきとした。

「一　神社又は神社附属の講社、崇敬会等の初穂料、月掛金等の醵出に当つて、町内会、部落会、隣組等が、集金したり慣行の氏子区域内の居住者に醵出金を割当てたりすること。二　町内会、部落会の経費の中から祭典費や寄附金を支出すること。三　町内会、部落会、隣組を通じて神符、守札、形代等を頒布すること。」

だが、この通達が出された後も、「種々の違反の事例」が起きたことによって、同年11月16日、右とほぼ同じ趣旨の内務・文部次官通達「町内会隣組等による神道の後援及び支持に関する件」が発せられた。

第2節　日本国憲法の制定

国家神道の廃止、国家と宗教の分離の方向は、1946年11月3日の日本国憲法の公布（翌年5月3日施行）によって憲法的に確定された。この新憲法制定の過程で、政府は、神社が事実上、国教であったことを認めた。

「（松村真一郎）処で、何が故に国教を否定すると云うことは、言わなければならないのでありますか。」「（文部大臣・田中耕太郎）これは詰り、近代文明国家の一大政治上の原則でありますとともに、又日本に於ては、特に既往に於ける経験から致しまして、その必要を感じて居る訳でございます。併し事実に於きましては、神社が国教的の性質を帯びさせられて居った趣がございましたからでありま す。」「（松村真一郎）結局神社は宗教に非ずと云う解釈の下に、従来は、宗教的色彩を持って居り、且つ内容を持って居るに拘らず、神社は宗教に非ず、何故そう謂うかと言えば、国家は或程度強制して居ったのであります。そこで直ぐ宗教だと云うと、信教の自由を認めると云う現行憲法（＝明治憲法）の規定に引掛りますから、その関係から宗教に非ずとして居ったと思いますが、如何ですか。」「（田中耕太郎）全く御説の通りだと思います。」（清水伸編著『逐条日本国憲法審議録』第2巻、日本世論調査研究所、1962年、422頁）。

新憲法の趣旨・精神に沿って、1947年10月26日、不敬罪を削除した改正刑法が公布され（11月

15日施行)、翌1948年6月19日、衆議院で教育勅語等の排除に関する決議、参議院で教育勅語等の失効確認に関する決議がなされた。これらの決議の内容は、いまだ今日的意義がある。各決議の全文は、以下の通り。

〔衆議院の教育勅語等の排除に関する決議〕(第2回衆議院会議録第67号)

民主平和国家として世界史的建設途上にあるわが国の現実は、その精神内容において未だ決定的な民主化を確認するを得ないのは遺憾である。これが徹底に最も緊要なことは教育基本法に則り、教育の革新と振興とをはかることにある。しかるに既に過去の文書となっている教育勅語並びに陸海軍軍人に賜はりたる勅諭その他の教育に関する諸詔勅が、今日もなお国民道徳の指導原理としての性格を持続しているかの如く誤解されるのは、従来の行政上の措置が不十分であったがためである。

思うに、これらの詔勅の根本理念が主権在君並びに神話的国体観に基づいている事実は、明かに基本的人権を損い、且つ国際信義に対して疑点を残すもととなる。よって憲法第98条の本旨に従い、ここに衆議院は院議を以て、これらの詔勅を排除し、その指導原理的性格を認めないことを宣言する。政府は直ちにこれらの詔勅の謄本を回収し、排除の措置を完了すべきである。

右決議する。

〔参議院の教育勅語等の失効確認に関する決議〕（第2回参議院会議録第51号）

われらは、さきに日本国憲法の人類普遍の原理に則り、教育基本法を制定して、わが国家及びわが民族を中心とする教育の誤りを徹底的に払拭し真理と平和とを希求する人間を育成する民主主義的教育理念をおごそかに宣明した。その結果として、教育勅語は、軍人に賜はりたる勅諭、戊申詔書、青少年学徒に賜はるたる勅語その他の諸詔勅とともに、既に廃止せられその効力を失っている。

しかし教育勅語等が、あるいは従来の如き効力を今日なお保有するかの疑いを懐く者あるをおもんばかりわれらはとくに、それらが既に効力を失っている事実を明確にするとともに、政府をして教育勅語その他の諸詔勅の謄本をもれなく回収せしめる。

われらはここに、教育の真の権威の確立と国民道徳の振興のために、全国民が一致して教育基本法の明示する新教育理念の普及徹底に努力を致すべきことを期する。

右決議する。

これらの決議より先に、1946年10月8日、文部省は、教育勅語の奉読を廃止するようにという文部次官通牒「勅語及詔書等の取扱について」を出していたが、教育勅語の謄本を引続き学校に保管させるなど不徹底のところがあり、謄本の回収は、国会での排除・失効の決議の後であった。また、「御真影」（御写真）については、宮内省は1945年11月、それを回収するとの次官通牒を出していた。

第3節　象徴天皇制の憲法的意味

国民主権主義を前提にするかぎり、象徴天皇制は、国民主権を根本原理とする日本国憲法によって新たに創設された制度である。つまり、憲法は「象徴」という新たな国家機関を創設し、これに「天皇」をあてたのである。この制度は原理的・構造的に、明治憲法下の神権天皇制との間に連続性はない。この意味では、後に最高裁長官になった横田喜三郎が論じるように、「ほんとうならば、もう天皇とか、天皇制とかいわないで、なにか別の名で呼ぶのが正当である」（『天皇制』労働文化社、1949年、110頁）と言えよう。

「象徴」概念については、一般に抽象的・無形的なものを表すところの具体的・有形的なものを指すとされ、その例として、平和と鳩、愛と心臓、キリスト教と十字架、国と国旗などがあげられる。政府の国会答弁でも、象徴関係は、日本国＝「無形の抽象的な存在」、日本国民統合＝「無形の抽象的な事柄」と、天皇＝「有形」「具体的」の関係と説明されている（真田秀夫内閣法制局長官、1979年5月8日・参議院内閣委員会）。

そして、この象徴関係にある両者は、本来、相互に異質なものである。次の説明をみてみよう。

「象徴関係は代表関係とは異なる。代表関係は同質者間にみられる関係であるのに対し、象徴関係は、有形と無形という異質のものの間の関係であり、代表関係においては、代表者の行為は、法的に、被代表者の行為とみなされるのに対し、象徴としての天皇の行為は、ただちに、日本国または日本国民の行為とみなされるという、法的効果を伴うものではない。天皇と国民との間には、法的代表関係はなく、また議会と国民との間におけるような『政治的』代表関係もみられない」(清宮四郎『憲法Ⅰ〔新版〕』有斐閣、1971年、153頁)。

要するに、国民と象徴天皇との間に法的義務関係、政治的代表関係を設定することは、「象徴」概念の誤った憲法解釈なのである。また、天皇は法的にも政治的にも日本国、日本国民を代表するものではないので、天皇は国家元首でもない。外国に対して国家を代表する権能をもつことを重要な要件とする元首の伝統的な概念によれば、日本国の元首は内閣または内閣総理大臣ということになる(芦部信喜『憲法〔新版・補訂版〕』岩波書店、1999年、47頁)。にもかかわらず、政府および外務省はこれまで、外交関係において、あたかも天皇が日本国の中心で、日本国民を代表する元首であるかのように「慣行づくり」をやってきている。これは、「国民主権下の象徴天皇」の本質にかかわる重大な問題である。

さらに注意すべきは、象徴の使用側と象徴の被使用側との関係における主体ない実体は、象徴を用いる側(＝国民)にあるのであって、象徴として用いられる側(＝天皇)は形式的存在にすぎないことである。象徴としての天皇の「地位は、主権の存する日本国民の総意に基く」(憲法1条)という規定はこのことを明示している。したがって、「象徴」条項を回路として国民(＝主体)と天皇(＝客体)

の関係を逆転させることは、日本国憲法の解釈論として成り立たない。

日本国憲法下の象徴天皇制は明治憲法下の神権天皇制とは原理的かつ構造的に切断されているが、しかし同時に、両者の間には、形式的に若干の継続性が存在する。その形式的継続性は、「象徴」に「天皇」という名称をもつ人間をあてたこと（憲法1条）と、皇位を「世襲のもの」としたこと（憲法2条）に現れている。この継続性を国民主権原理に沿うように位置づけるとどうなるか。

後者の「世襲」制の問題については、皇位継承の際に何らかの政治的紛議を随伴することは、形式性を本質とする「象徴」になじまないことによるものと解することができる。また、前者の「天皇」という名称を有する特定の人間を「象徴」にあてたことによる継続性は、それゆえに、国民主権原理に沿う厳重な憲法的統制を伴うことになった。つまり、人間は人間としての意思・行為作用を有し、しかも明治憲法下の「天皇」と名称上の継続性を有するがゆえに、特定の人間が「象徴」という天皇の地位につくかぎり、その人間の意思・行為および世襲制を支える「皇室」は憲法的統制下に置かれているのである。

天皇に対する憲法的統制の第一は、「天皇は、この憲法の定める国事に関する行為のみを行ひ、国政に関する権能を有しない」（憲法4条）ということである。ここで「のみ」というのは、これが限定条項であることを示している。国事行為の具体的内容は、憲法4条2項、6条、7条に明文規定があり、これに限られる。

第二に、天皇のすべての国事行為には内閣の助言と承認が必要である（憲法3条、7条）。ここでの内閣の助言と承認に基づく天皇の国事行為に関しては内閣のみが自己責任を負う（憲法3条）。これを「天皇無答責」の原則と述べている説もあるが、これは「君主無答責」の観念を下地としており、日本国憲法下の憲法用語としては妥当でない。

第三に、憲法は、「天皇又は摂政」に対して義務を課している。これは、天皇又は摂政の個人としての憲法尊重擁護義務である（憲法99条）。したがって、内閣の助言と承認のない天皇の行為は、天皇自身が責任を負うことになる。また、天皇は憲法上、内閣の助言と承認に基づかない国事行為はなし得ないのであるが、かりにこの助言と承認に反する行為をなした場合、憲法3条、7条の反対解釈および99条によって天皇自身が責任を負う。内閣の助言と承認のない天皇の行為、および内閣の助言と承認に反する天皇の行為の当否は、主権を有する国民自身が判断する。

第四に、天皇を中心とする「皇室」に対する経済的側面からの憲法的統制として、皇室財産の国会による統制の規定がある（憲法8条、88条）。

これら四重の憲法的統制は、人間たる天皇を「象徴」にあてたことに由来し、これは国民主権原理下の当然の統制である。しかし、ここで注意すべきは、上記の第二にある内閣の助言と承認についてである。この制度の本来の制定趣旨は、象徴天皇に対する憲法的統制であったのだが、その後、憲法が想定していなかったことが出てきた。すなわち、内閣の助言と承認という制度が、その実際の運用において、象徴天皇の政治利用の回路として利用されるようになってきたのである。これは、１９８

9年と2019年の、いわゆる天皇「代替わり」の儀式に集中的に表れた。憲法上の国事行為は、「この憲法の定める国事に関する行為のみ」(4条)であるにもかかわらず、内閣は助言と承認の制度を使って、憲法上の規定がない、しかも神道色が濃厚な儀式である「剣璽等承継の儀」と「即位後朝見の儀」を、「国の儀式」(つまり国事行為)として挙行した(この問題の詳細な考察は、本書の第一部第2章を参照)。

内閣を含む「国務大臣、国会議員、裁判官その他の公務員は、この憲法を尊重し擁護する義務を負ふ。」(99条)を定めていた憲法は、この憲法を逸脱して、内閣の助言と承認の制度を回路として、象徴天皇を政治的に利用することを想定していなかったのである。憲政上の恐るべき陥穽であった。

さらには、天皇のいわゆる「公的行為」の問題がある。憲法上、天皇は国事行為のみを行ない、国政に関する権能を有しないのであるが、戦後、政府によって、国事行為以外の天皇の行為の「公的行為」化が拡大されてきた。たとえば、国会開会式での「お言葉」、種々の全国的なイベントへの出席と「お言葉」、外国「公式」訪問、地方巡幸等々である。これらは、すべて内閣の助言と承認に基づいている。

これらの既成事実化された行為を、後追い的に「公的行為」として容認する説として、学界に、「象徴行為」説、「準国事行為」説、「公人行為」説などがある。しかしこれらは、用語も含めて、どこにも憲法上の根拠はない。これらの説の提唱者のなかには、容認の理由として、「天皇の政治利用の歯止めの設定」をあげている者がいるが、天皇の「公的行為」が内閣の助言と承認（憲法上は国事行為に対してのみ要求されているのだが）のシステムによって行なわれている以上、内容によっては、「公的行為」という名目での、内閣の助言と承認による天皇の政治利用となる可能性は常に存在しているし、実際に、政治利用されている。

たとえば、天皇「代替わり」の際の儀式である大嘗祭は、１９８９年、内閣もそれが「宗教上の儀式としての性格を有すると見られることを否定することはできない」ので、それを「国事行為として行うことは困難である」としつつも、内閣の助言と承認によって、大嘗祭を「公的行事」とみなし、その儀式を巨額の国費を投じて挙行した（この問題は、本書の第一部第2章第5節で詳しく考察している）。

つまり、「公的行為」を容認する者が主張する、「天皇の政治利用の歯止めの設定」という理由は成り立たず、逆に、「公的行為」が天皇の政治利用の方策として使われ得るのである。「公的行為」に内在する危険性は、すでに現実化している。

第2章　神社の特別視への回帰

第1節　通牒「戦没者の葬祭などについて」と「解釈」

１９５０年６月、朝鮮戦争の勃発後、神社問題についての戦前への「逆行」の動きが浮上してきた。51年９月８日、対日講和条約と日米安全保障条約が調印されたが、その２日後、文部次官・引揚援護庁次官通牒「戦没者の葬祭などについて」が出された。この通牒は、それ以前の１９４６年11月１日に出された内務・文部次官通達「公葬等について」を、より緩和した内容に変更したものである。

後者の「通達」は、「政教分離の見地から、今後左記のような取扱によって実施する」ように出されたものであるが、直後の日本国憲法の政教分離条項の内容を先取りしていた。通達の内容は、次の通りである。

一　地方官衙及び都道府県市町村等の地方公共団体は、公葬その他の宗教的儀式及び行事（慰霊祭、追弔金等）は、その対象の如何を問はず、今後挙行しないこと。

二　文民としての功労者、殉職者等に対し、個人又は民間団体が、葬儀その他の宗教的儀式及び行事を行ふことは差支へないが、この場合と雖も地方公共団体又は公の機関が、その施設を貸すことは、原則として、避けられたい。

三　戦没者に対する葬儀その他の儀式及び行事を、個人又は民間団体で行ふことは差支へない。しかし、地方官衙又は地方公共団体が、これを主催若しくは援助し、又はその名において敬弔の意を表明するやうなことは、避くべきである。

四　忠霊塔、忠魂碑その他戦没者のための記念碑、銅像等の建設、並びに軍国主義者又は極端な国家主義者のためにそれらを建設することは、今後一切行はないこと。現在建設中のものについては、直ちにその工事を中止すること。なお、現存するものの取扱は、左によられたい。(イ) 学校及びその構内に存在するものは、これを撤去すること。(ロ) 公共の建造物及びその構内又は公共用地に存在するもので、明白に軍国主義的又は極端な国家主義的思想の宣伝鼓吹を目的とするものは、これを撤去すること。前項のことは、戦没者等の遺族が私の記念碑、墓石等を建立することを禁止する趣旨ではない。

これに対し、前者の「通牒」は、「個人又は民間団体が慰霊祭、葬儀などを行うに際し、(イ) 知事、市町村長その他の公務員がこれに列席すること。その際、敬弔の意を表し、又は弔詞を読むこと。

（ロ）地方公共団体からの香華、花環、香華料などを贈ること」他3項目を許容した。

さらに、この通牒の後に出された「『戦没者の葬祭などについて』に関する解釈について」（文部大臣官房宗務課長代理発、1951年9月28日）は通牒を拡大解釈し、「民間団体が慰霊祭などを行うことのうちには……宗教団体が主催して行う場合も含まれると解釈してさしつかえないこと」、「地方公共団体から敬弔の表示として贈るもののうちには、真榊、神饌、玉串料などを含んでいると解釈してさしつかえない」とした。

当時の特殊事情下で発せられた通牒およびその「解釈」は、一般化され、これらに基づいて、その後、地方の政治と行政のレベルで、憲法に抵触する可能性が高い行為が繰り返されるようになった。

第2節　伊勢神宮「神鏡」の性格についての政府答弁書

中央レベルでも大きな変化が出てきた。まず、対日講和条約の発効（1952年4月28日）を待っていたかのように、内閣の助言と承認に基づいて、昭和天皇は戦後初めて、明治神宮（同年7月）と靖国神社（10月）に親拝した。そして、同年11月、日本遺族厚生連盟は第4回全国戦没者遺族大会で、靖国神社の慰霊行事は国費でもって支弁するよう決議し、翌年の5月3日、政府は憲法施行記念式典を取り止め、以後、政府主催の憲法式典は開催されなくなった（1976年のみ、三木内閣のときに一時復活）。また、1954年2月、神社本庁の指示で、「紀元節祭」を復活・挙行する神社が増加した。

さらに、1959年1月、自民党は宗教法人問題特別委員会を設置し、伊勢神宮非宗教法人化、靖国神社国家護持化へと動き出した。

新憲法下の天皇と神道についての「逆行」を促進する一つの転折点は、伊勢神宮に保蔵されている「神鏡」の性格についての政府声明であった。

1960年3月、政府の憲法調査会の会議にて、参考人の飯沼一省（元神祇院副総裁）は、「神宮でおまつり申し上げておりますところの神器、お鏡は、これを天皇の神器と見るのか、あるいは国家とも天皇とも分離されてしまったところの神宮という一宗教法人の財産と見るべきであるか」という問題を提起した。また、同年10月18日、衆議院議員の浜地文平が、「伊勢の神宮に奉祀されてある御鏡（ヤタノカガミ）が、天皇の御鏡であるかそれとも宗教法人のものであるか」という文書質問（質問主意書）を政府に提出し、この質問に対して、10月22日、政府は、内閣総理大臣・池田勇人名義の次の答弁書を出した。

「伊勢の神宮に奉祀されている神鏡は、皇祖が皇孫にお授けになった八咫鏡であって……天皇が伊勢神宮に授けられたのではなく、奉祀せしめられたのである。この関係は、歴代を経て現代に及ぶのである。したがって、皇室経済法第7条の規定にいう『皇位とともに伝わるべき由緒ある物』として、皇居内に奉安されている形代の宝鏡とともに、その御本体である伊勢の神鏡も皇位とともに伝わるものと解すべきであると思う」（国立国会図書館調査立法局『靖国神社問題資料集』内部発行、1976年、234〜236頁）。

この答弁書の趣旨は、「神鏡」を媒介として、一宗教法人たる私的な伊勢神宮を天皇という公的な皇位に結びつけようとしていることである。その理屈は、天皇は「象徴」という公的地位にあり、よってその天皇に伝えられる神鏡は「公的性格」を有しており、その神鏡が「奉祀」されている伊勢神宮も当然に国家的性格を持つ、というものである。

この論理は憲法上の政教分離条項に抵触しているが、神社本庁関係は、この政府答弁書に歓喜した。「池田内閣は、政府の見解として、伊勢の神宮が天皇の皇祖を奉祀せられるところの神宮であり、天皇と神宮との関係は、永い歴史を通じ、歴代を経て今日に及ぶことを明示した。また伊勢の神鏡が、皇祖神授の御鏡であり、日本国天皇の皇位とともに伝わるべきものであるとの国体法を確認した。神宮崇敬者の久しきにわたる努力は空しからず、ここに公に確認されることになった」（神社本庁篇『神社本庁十五年史』神社本庁、１９６１年、４０８頁）。

第３節　「建国記念の日」設定、靖国神社「公式参拝」

その後、政府は、１９５７年2月の自民党の議員提案以来の懸案であった「建国記念の日」を設定する祝日法改正法案を66年6月に強行成立させた。同年7月、政府は建国記念日審議会を設置し、そしてこの審議会の答申に基づいて、建国記念の日を、旧紀元節（明治初期の１８７２年、政府が「日本書紀」神話をもとに神武天皇即位日として定めた祝日）である「2月11日」とする政令を12月9日に公布した。

　これより先、政府は、66年3月、明治時代との連続性に焦点を当てた明治百年記念事業を国家的規模で行なうことを閣議決定し、68年10月、明治百年祭の記念式典を挙行した。

　1959年の自民党「宗教法人問題特別委員会」の設置以来、企図されてきた靖国神社国家護持化運動は、それに関連する靖国神社法案が、69年6月、自民党議員241名の議員提案により初めて第61回国会に提出されたことによって、一つの頂点に達した。だが、この法案は、8月、国会が空転のまま閉会することによって審議未了、廃案となった。その後、74年まで毎年国会に上程されたが、結局成立することはなかった（1回継続審議、5回廃案）。

　靖国神社法案の成立に失敗した自民党政府は、その代替策として「靖国神社公式参拝」を打ち出すようになり、そのためにまず、内閣官房長官の私的諮問機関として、「閣僚の靖国神社参拝問題に関する懇談会」を84年8月に発足させた。その報告を足掛かりにして、翌85年8月15日、中曽根康弘は、戦後の歴代首相として初めて靖国神社に「公式参拝」した。

第3章　日本国憲法下における神社の特別視の論拠

第1節　「国家的・国民的性質」論

（1）「天国であれ、地上であれ、宗教的であれ、道徳的であれ、国民中の部分的な一セクトの崇敬の対象であり、一セクトの信条であるならば、それはあくまでも私的性格のものとして取り扱われなければならない。……これに反して、それが全国民的な崇敬の対象であり、全国民的な精神の仰ぎ見るところであるならば、そこに非地上的な非世俗的な要素があろうとも、それは公的な性格のものとして取り扱われなければならない。」「神宮に対する崇敬が一セクトの信条ではなく超宗教的でひろく全国民的なものであるという社会事実が存在し、これを国家が公的に承認しさえすれば、それは国家の公的信条というべきものであって、これを非宗教的性格のものとして取り扱って少しも差しつかえない。」（葦津珍彦「国家と宗教」政教関係を正す会編『法と宗教』経済往来社、1972年、34～35頁）。

この論において、神宮・神社に対する崇敬が「全国民的なもの」であるという認識が示されているが、この認識が私的なものにとどまる限り、論者の自由である。問題は、この私的認識を国家的承認を媒介にして公的認識（「公的信条」）へ転化させようとしている点である。これは、神社神道を宗教であるとする立場からすればもちろん憲法20条の信教の自由条項違反であるが、宗教でないとする立場からしても、憲法19条の思想・良心の自由条項に抵触する。

また、神社神道が憲法上の宗教であるかどうかという内実と質が問われているのに対して、「全国民的なもの」という量的概念でもって答えることはできない。人権のなかでも信教の自由は量的概念に最もなじまないものの一つである。つまりは、ここでの量的概念の使用は、市民に対する国家の、個人に対する全体の優越の思想を端的に表わしている。

（2）「宗教と云ふ語が、近代憲法で用ひられるのは、それが決して全国的な共通の信条ではないと云ふ前提が必要なのであります。宗教の信徒の側の主観から云へば、その宗教は全国民、全人類の普遍的な信条たるべきものでありませうが、客観的事実としては、必ず反対者が存在する。かやうな条件が、宗教と云ふ概念と不可分なのであります。」（神社新報政教研究室「靖国神社の法的地位について」『神社新報』1956年8月25日）。

この文は、靖国神社は「全国的な共通の信条」だから宗教でないとするための導入部分である。靖国神社に対して「反対者が存在」することは明白であるので、「反対者が存在するのを認めない」と読み替えれば意味が通る。実際、靖国神社はその姿勢をとっている。このことは、具体的には、靖国神社に対する霊璽簿抹消要求の拒否の問題に表れている。つまり、靖国神社に合祀されている戦死者の遺族が、合祀は「戦死者本人やその遺族の意志・信条に反して」いるので霊璽簿から抹消してほしいと要求したところ、神社側が「当神社御創建の趣旨及び伝統に鑑み到底申出に沿うことはできません」と回答した事例がそうである（角田三郎『靖国と鎮魂』三一書房、1977年、265〜266頁）。

遺族の意志を無視して、靖国神社が「勝手に」合祀するという方針は、実は、靖国神社の存立理念と関係している。かりに個々の国民に合祀拒否権を認めれば、それは靖国神社の明治以降の存立理念を揺るがし、靖国神社の「全国的なもの」という建前を崩すことになる。つまり、靖国神社は「全国的なもの」という虚構的擬制は、個々の国民（故人およびその遺族）の意志を認めないという全体主義的なイデオロギーを前提にして成り立っているのである。

（3）「靖国に対する国民的信仰は、個人宗教とは異なり、運命共同体としての国家の一員としての国民的信仰の問題なのである。いつの時代、どの国について見ても、国民的信仰の基礎に立たない国家は存在しないのである」（大石義雄『憲法二十年』有信堂、1966年、298頁）。「戦前の日本国が、国家として強力であったのは、日本国の精神的基礎をなしていた天皇制が鞏固に確立していたからである」（同上、47頁）。「従来、日本では、国体すなわち国家の精神的基礎を成す天皇制の国民的信仰は、神宮神社の形式において現れている」（同上、50頁）。

この論は、明治憲法下の神権天皇制国家に対する郷愁に基づくものであり、その論理の土台は、日本国憲法でなく明治憲法にある。このことは、明治憲法下の信教の自由は、日本国憲法下と「本質的なちがいはない」（大石義雄『日本国憲法概論』青林書院、1958年、164頁）とし、明治憲法下の問題は「憲法運用の面においてのこと」（大石、前掲『憲法二十年』294頁）とする点にも出ている。

これを検討するに、第一に、「主権」の所在を異にする日本国憲法下の信教の自由と明治憲法下のそれは、「本質的」に異なるものであり、日本国憲法下の信教の自由の厳格な保障は、明治憲法下の国家神道に対する根本的批判に基づくものであることは学界の確たる定説である。つまり、わが国では、「神社の国教的地位の否定なくして真の信教の自由を確立することができなかった」のである（芦部信喜『演習憲法』有斐閣、1982年、75頁）。

第二に、明治憲法の問題は単にその「運用」のみにかかわるものではなかった。明治憲法は、信教の自由について、「日本臣民ハ安寧秩序ヲ妨ケス及臣民タルノ義務ニ背カサル限ニ於テ信教ノ自由ヲ有ス」（28条）と規定していたが、これはいわゆる「法律の留保」がある規定よりもいっそう脆弱な規定であった。つまりそこでは、信教の自由は法律によって制限され得たことはもちろんのこと、行政命令によっても随時に制限され得たのである。また、神社崇敬は神権天皇制下の「臣民タルノ義務」とされていたので、神社崇敬を行なわないのは、この義務違反となった。明治憲法はその規定の「内容」そのものに問題があったのである。

第三に、明治憲法下においては、「国民的信仰」とは別に、「個人宗教」が保障されていたわけでなく、強制的な「国民的信仰」に違背しないかぎりにおいて、恩恵的に「個人宗教」が容認されていたにすぎないのである。

以上の（1）、（2）、（3）の「国家的・国民的性質」論は、基本的には国家崇拝の国家主義的思想を基盤としている。ここで注意すべきは、この論者たちは、「国家」との関係では神社＝「非宗教」を主張しながら、同時に「個人」との関係においては神社＝宗教であること認めていることである（葦津、前掲『法と宗教』37頁、大石、前掲『憲法二十年』52頁、前掲『日本国憲法論』169頁）。これは、明治憲法下の神社「非宗教」論と連続する論理であり、神社「非宗教」論の本質を表わしている。つまり、神社神道が個人との関係でも完全に非宗教的存在であれば、改めて神社「非宗教」論を唱える必要性はなく、神社神道が宗教的存在であるがゆえに、神社の政治利用という特定の政治的意図でもって神社「非宗教」論を主張するのである。ここに、神社「非宗教」論の強烈な政治的イデオロギー性が出ている。神社「非宗教」論は神社神道が宗教的存在であることによってはじめて成立する論である。

靖国神社問題にしても、神社「非宗教」論者にとって、靖国神社の完全な非宗教化では、靖国神社の国家護持ないし公式参拝の意味はないのであり、靖国神社の実質的宗教性を保持したままで靖国神社を国家と結びつけることによってはじめて靖国神社の本質——宗教としての靖国神社の政治利用——が機能することになるのである。

第2節　「国家的・国民的性質」論と象徴天皇制

神社＝「国家的・国民的性質」論との関係で、天皇が日本国憲法上、「象徴」であることを根拠として国家と神社の結合を正当化している論がある。

ある論は、「天皇は、国家の象徴・国民統合の象徴と憲法には明文がある。法治国家たる以上、憲法を旨とすべきは改めて申すまでもない。とすると、天皇を認めることとは、天皇に関する一切の関連事項をも併せて容認するのは至当である」（安津素彦「知らぬが仏」政教関係を正す会編、前掲『法と宗教』160頁）と言う。この「一切の関連事項」のなかには神道関係が当然に含められている。これは、「象徴」を媒介として、国家と神道を結びつけようとするものである。まさに、国家神道への回帰の新たな論である。

別の論は、「憲法解釈」をこう展開する。「天皇が国の象徴であるということは、憲法という法が定めたことであるから、天皇の象徴的地位は単純な道徳的地位ではなく、法的地位である。このことは何を意味するか。国民個人個人の天皇制に対する個人的感情はどのようであれ、国民は必ず天皇を国の象徴と見なければならないということである」。「国民は何人も天皇を国の象徴として見なければならない」ということは「憲法という法の命ずるところであるから、国民にして天皇を象徴と見ない者があれば、その者は、自ら憲法を破っていることとなる」。「天皇が国の象徴であり又国民統合の象徴であるということは、憲法という国の最高法規が定めていることであるから、現憲法の下において、天皇は公の存在なのである。この天皇の祖先を祭るものとして、伊勢神宮がある。伊勢神宮は、旧憲法でいえば国の主権者現憲法でいえば国の象徴者の祖先を祭神とする国民道徳的施設たることをその本質的性格とするものである。伊勢神宮にかぎらない。一般に神社は国民道徳的施設たることをその普遍的性格とするものである。なぜか。神社の祭神は、天皇の祖先、歴代の天皇、皇族、国難に赴き特別の功労あった者、特に国民としての正しい道を歩いた者、国難に殉じた者を祭神とし、国民をしてその徳をたたえ、これにあやからしめる意味を持つ施設だからである。このように、神社の国家性は神社の普遍的性格であるから、国家と必然の関係を持たない一般宗教とはその性質を異にするものである」(大石、前掲『日本国憲法概論』168~169頁)。

この論に基づけば、天皇を「象徴」とみることは「憲法という法の命ずるところ」のものであり、国民の法的義務なのである。そして、この「象徴」の回路を通して神宮・神社が国家と結合されることによって、神宮・神社に対する崇敬が国民の法的義務となるのである。この論理によって、明治憲法下で「臣民タルノ義務」とされていた神社崇敬が日本国憲法下で復活される。そして、このことは、天皇の「象徴的地位」が「公的地位」であることを媒介にして、国民と天皇の関係を逆転させ、精神的側面で国民の「臣民」化という明治憲法的理念を浮上させることを意味していた。

これらの論の特質は、日本国憲法の最大原理である国民主権主義を完全に無視していることにある。象徴天皇制の憲法的意味については、本書の第三部第1章第3節において詳述しているのでここでは繰り返さないが、要するに、日本国憲法下の象徴天皇制は、明治憲法下の神権天皇制と原理的かつ構造的に断絶しており、また若干の形式的継続性が認められるにしても、そうであるがゆえに、その継続性は厳重な憲法的統制下に置かれているのである。つまり、「象徴」条項を回路として国家と神宮・神社の結合を主張する論者の理屈には全く憲法的根拠がなく、天皇と神宮・神社の結びつきは、「象徴」とは無関係の天皇の私人としての問題であるにすぎない。

第3節 「宗教の実核・本質の欠如」論、「宗教の周辺的部分」論

(1) 「一般宗教では信仰が実核であって、祭祀、祭典が手段あるいは形として現われ、神社神道にあっては、実核が祭祀であって、まず中核に信仰あっての祭祀ではないのである。憲法20条の趣旨は、前述した如く、国民個人個人が内心に有する信仰への干渉、関与、働きかけとなる行為を宗教的活動として禁じているものであって、まさに岸本博士の説かれる宗教学上の宗教現象の中心的部分—信仰—を主体とするものを、国およびその機関が行なうのを憲法は規制しようとしていると解すべきである」(井手成三「神社と憲法」政教関係を正す会編、前掲『法と宗教』60頁)。

この論は、一般宗教では信仰が実核で祭祀は手段であり、神社神道では祭祀が実核であるから神社神道は憲法上の宗教ではないとする。宗教学上、宗教は信仰と儀礼とからなるとも、信仰は宗教の内行動であり、儀礼はその外行動であるともいわれる。宗教には信仰と儀礼の両要素が含まれるのであ

り、そのどちらが実核でどちらが手段であるかを憲法学上で問題にする法的理由はない。「実核」論議は宗教の概念に影響を与えるものでなく、ただ宗教の態様にかかわるだけである。

また、儀礼は宗教にとって決して軽視されるべき性質のものではない。宗教学上、儀礼は「宗教経験の発現、聖なるものと関連した非合理的行為、世界観を象徴する聖なる行動、個人や集団の均衡を維持するもの」であり、「儀礼と世界観は相補的な性格をもっている」とされる（小口偉一＝堀一郎監修『宗教学辞典』東京大学出版会、1973年、154、157頁）。神社神道の儀礼＝祭祀も、その基底に一定の「信仰体制」（岸本英夫『宗教学』大明堂、1961年、35頁）が存在することによって成り立っているのであり、儀礼そのものに一定の世界観が現われている。神社神道は儀礼を特に重視する宗教であるとは言えても（たとえば小野祖教は、神社神道は「儀式の信仰」「形式の信仰」と言う。『神社神道神学入門』神社新報社、1951年、12頁）、儀礼中心であるから憲法上の宗教ではないとはおよそ言えない。

（2）「筆者は、近代人の宗教にとって最も本質的なものは、教義の体系（doctorinization）であると思う。教義のない宗教などというものは概念の矛盾であり、言葉の遊戯にすぎない」（中山健男「日本国憲法における政教分離の原則」政教関係を正す会編、前掲『法と宗教』68頁）。

神社神道に教義がないとは言えない。特に、明治憲法下の国家神道の時代、神社神道は「国家の手による布教」によって「神社神道史上未曽有の教勢隆昌」をみるが（幡掛正浩「神学小論」神道文化会編『戦後神道論文選集』神道文化会、1973年、544頁）、そこでは、「教育勅語」が事実上の教典であったと言える（村上重良『現代宗教と政治』東京大学出版会、1978年、24頁）。

戦後の今日でも、体系的な教典はともかくとして、神社神道に教義がないわけではない。明治期の神社神道の核心には「天皇」信仰があり、教義の中核には「天皇」崇敬があったが、これは現在でもそうである。神社神道の体系的な教典の作成が困難であるのは、歴史的に「神道は常に複合体であったと思うし、現在も複合体である」（平井直房「宗教史的に見た神道の特質」神道文化会編、前掲『戦後神道論文選集』599頁）ことにもよるであろうが、この体系的な教典がないことは何ら教義がないことを意味しない。

（3）「伊勢神宮および靖国神社は、皇室と国家に不可分の関係があり、旧憲法の下において文部省所管の宗教行政とは別に内務省の所管とされ、これを一定の神職と信徒の宗教団体とみることに無理がある。また個人の安心立命を祈るものでなく、宗教現象のかなり周辺的部分にあり、宗教儀式の形を改めるならば、宗教団体から区別する余地がある」（田上穰治「宗教に関する憲法上の原則」清宮四郎＝佐藤功編『憲法講座』有斐閣、1963年、136頁）。

これは、明治以降の国家神道の沿革と宗教現象の周辺的部分論をもとにして、また、「宗教儀式の形を改めるならば」という条件で、伊勢神宮等を一般の宗教団体から区別することも可能であるとするものである。なお、この論は、靖国神社は「内務省の所管」であったとしているが誤りである。靖国神社は1879年に内務・陸軍・海軍の三省の管轄とされ、1887年に陸軍・海軍両省の管轄へと改められていた。

この論の何よりの問題は、日本国憲法の解釈において、明治憲法下での別扱いを持ち出していることである。この解釈論は、日本国憲法の信教の自由条項は他でもなく国家神道の否定を土台として制定されたことを完全に無視している。また、「宗教現象のかなり周辺的部分」論も上述の（1）と（2）に通底する欠陥をかかえている。さらに、「宗教儀式の形を改めるならば」という条件については、儀式を特に重視する宗教である神社神道が儀式の変更を容認することはあり得ず、何よりも神社神道側の主体性を軽視した見解である。

その後、同論者は、よりストレートにこう主張するようになった。「欧州のような一神教が普及する国々と、多神教の仏教諸国およびわが国とは、この原則（＝政教分離原則）の解釈および適用の範囲について必ずしも同じでない。唯一絶対の神を信ずる宗教にあっては、相対主義の民主制の論理と相容れないから、政教分離は理由があるが、人と人との関係における道徳律に近い宗教で、しかも絶対の神を信ずるものでない場合は、国家が一般の自由に対すると同じく権力により規制できない信教の自由が認められるほかに、国家の非権力的な関与を拒む理由はない。例えば特定の宗教団体を国家が保護しても、他の宗教団体を圧迫しない限り合憲とみることができる」（田上穣治『日本国憲法原論』青林書院新社、1980年、122頁）。

同論者は、以前は曲りなりにもいくらか慎重な言い回しで伊勢神宮等の特別扱いも可能としていたが、ここに至って、その慎重さを捨てて、神社神道を宗教のまま国家が保護しても合憲であると論じている。これは、明治憲法下の末期の「超宗教的教」論の延長線上にある。分かりやすくなったが、同時に日本国憲法とは全く無縁の自己主張になっている。

同論者の主張の土台になっているのは「多神教」論であるが、明治憲法下の国家神道はまさにこうした宗教風土の上に樹立されたのである。換言すれば、「唯一絶対」の天皇の崇敬を強制する国家神道は、日本の多神教的風土を利用することによって成り立っていたのである。そうして、国家神道の樹立後、一般宗教は厳しい国家的統制下に置かれた。そこでの多神教は、天皇崇敬という前提下の多神教であった。日本国憲法の信教の自由条項（20条、89条）が制定されたのは、天皇崇敬という前提下の多神教の構造を全面否定するためのものであった。日本国憲法上、神社神道を特別視する根拠は存在しない。

第4節　「日本独自性」論

神社神道は憲法とかかわりのない日本独自のものであると主張するこの論は、「神道は本質的に見れば、即ち宗教学的に見れば、一種の宗教でありその儀式は極めて特色ある宗教的儀式であること、疑を容れない」としながらも、国家神道を純正なる国家神道と純正でない国家神道に分け、そして前者の純正国家神道＝純正国体神道についてこう言う。

「純正国体神道は、宗派的活動の一切を超越した民族共通の古儀古俗として尊重せられるに十分である。それはいかなる他の宗教的自由をも拘束する事なく、むしろ千古に伝はる国民の道徳的、人倫的若しくは精神的『敬虔風俗』であるから、今日世俗の通念を標準として言へば、最高の民族文化財とも解しえよう。」「国家神道が、宗教法人法に言ふ宗教団体であるか否かの認定は、憲法に、直接明確な根拠を求め得ないのであって、その認定は憲法以外の政治的認定であるといはねばならぬ」（里見岸雄『日本国の憲法』錦正社、1962年、259～262頁）。

この論を検討するに、まず、神道が宗教学的には宗教であることを認めながら、純正国家神道（純正国体神道）は、「宗派的活動の一切を超越した民族共通の古儀古俗」「最高の民族文化財」であるとしているが、歴史的に古い宗教に一定の民族性、文化財性が付着するようになるのは普通のことであり、そのことによって宗教性を否定することはできない。宗教性を有するかぎり、それは憲法規定の対象である。

また、宗教学上は、神道は「民族的」であるがゆえに民族宗教の部類に区分されているのであり、その神道が「民族的」であるがゆえに憲法上の宗教でないとする場合、その憲法学的根拠が問われる。憲法上の宗教は「民族的」か否かが基準となるのではなく、逆に宗教であれば、それが「民族的」であるか否かは区分しないのである。憲法上の信教の自由条項の一般的な規定の仕方は、このことを含意している。この原則に対する例外を認めるためには、特にその趣旨の憲法規定が必要である。

さらに、国家神道に関して、「憲法に、直接明確な根拠を求め得ない」のは当然であり、これは他の諸宗教についても同様である。信教の自由条項の一般的な規定は、国家の基本法としての憲法の特質である。国家神道が憲法上で明記されていないことと、それが宗教法人法上の宗教団体であるか否かとは全く問題の性質が異なる。ちなみに、伊勢神宮、靖国神社等は自ら申請して宗教法人法上の宗教団体となって、税法上の優遇措置を享受しているのである。

同論者の本音は、神宮と神社の国家護持を明記した憲法改正であるが（里見岸雄『憲法・皇室典範案』錦正社、1964年、26頁）、その目的を達成するまでは、意図的に神宮・神社問題を憲法論の枠外に押し出して、「憲法以外の政治的認定」に委せようとしている。これは、神社を「非宗教」とした明治憲法下の「行政処理」論と、本質的には同じである。

第4章　典型としての靖国神社問題

日本国憲法下における神社の政治利用は、靖国神社問題に典型的に現われている。これは、靖国神社が、伊勢神宮その他の一般の神社にはない戦没者合祀問題を抱えていることによる。

靖国神社は、1864年に創建された長州の桜山招魂場（桜山招魂社）を原型として1869年に設立された東京招魂社が、1879年に同神社に改称されたものである。明治維新期以来、天皇、朝廷ないし神権天皇制国家に「忠義を尽くして」戦死・戦没した者を合祀しているが、現在の合祀総数は約246万余人である。このうち、同神社のいう「大東亜戦争」関係は約213万余人。日本の植民地統治下の朝鮮出身軍人・軍属2万600人、台湾出身軍人・軍属2万7600人も、遺族の意思とは関係なく合祀されている。

また、1978年10月に、アジア・太平洋戦争の14人のA級戦犯が秘密裏に合祀され、これが翌年4月に発覚した。ただし、合祀手続それ自体は1966年までに完了していた。その後、「宮司預かり」のままであったが、1978年7月に宮司に就いた松平永芳が合祀を強行した。

靖国神社へのいわゆる「天皇親拝」は、1975年まで数年ごとに行なわれていたが、昭和天皇は、

A級戦犯合祀に対し不快感を示し（宮内庁長官・富田朝彦のいわゆる「富田メモ」、卜部亮吾侍従日記）、この合祀発覚以降、親拝を行なっていない。平成天皇も不親拝のまま退位した。

被侵略国の中国などとの外交関係上は、とりわけこのA級戦犯合祀が問題視されているが、日本の憲法上は、民間の一宗教法人にすぎない靖国神社に公人たる内閣総理大臣が公式に参拝すること自体の違憲性が問題となる。この問題は、本章第2節で詳しく分析する。

さらに重大な問題は、靖国神社の合祀に政府が関与してきたことである。膨大な数の戦没者の合祀手続は靖国神社が独自に行なうことは不可能であり、実体的には、厚生省（現厚生労働省）が軍人恩給受給者の認定とつなげて、靖国神社合祀業務に協力してきた。たとえば、1956年に、厚生省引揚援護局長名で、復員業務関係諸機関は「なし得る限り好意的な配慮をもって、靖国神社合祀事務の推進に協力する」という通牒が発出され、1959年に厚生省引揚援護局長名、各都道府県に対して合祀業務への協力要請の通達が発出されている。A級戦犯についても、1966年に、厚生省が合祀対象と認定（「祭神名票」を靖国神社に送付）したことによって、靖国神社がA級戦犯を「昭和殉難者」として合祀するのが可能となった。宗教法人・靖国神社による「合祀」という明白な宗教行為に政府が連携・協力していたわけである。

戦没者合祀問題は、「戦没者慰霊」ということで心情的に国民に訴えかけやすいものであるが、この心情をテコに国家と靖国神社の結びつきが容認されれば、その次には伊勢神宮、さらにはその他の有力な神社と国家との結びつきが、回帰志向勢力によって目論まれるであろう。1955年の鳩山首相以後、一部の例外を除いて慣行化された伊勢神宮への歴代首相の正月参拝は、このことをすでに暗示している。

伊勢神宮への歴代首相の正月参拝は、「宗教法人・伊勢神宮」と「内閣総理大臣」のつながりを社会的に印象づけるという政治目的を有しており、その参拝が建前として「私的」とされていても、実質的には、政府による伊勢神宮の政治利用の性質を有している。また、多くの公立小学校の修学旅行先として、特定の宗教団体である伊勢神宮が選ばれているが、単なる観光ならともかく、それは「修学」のための旅行であり、しかも生徒に「参拝」までさせているのは、かりにこの問題で生徒・親から信教の自由侵害の訴訟を提起されたら、危ういことになるかもしれない。

第1節 「靖国神社法案」問題

最初の靖国神社法案は、1969年6月、議員提案で国会に出されたが、この法案の準備段階で、その合憲性を主張するために、靖国神社は「宗教」ないし「宗教団体」ではないという論が提示されていた。その論拠は次のようなものである。

(1) 宗教法人法の独自解釈

宗教法人法第2条は「宗教団体の定義」として、「この法律において『宗教団体』とは、宗教の教義をひろめ、儀式行事を行い、及び信者を教化育成することを目的とする左に掲げる団体をいう。」と規定している。青木一男（自民党・参議院議員）『靖国神社法案に対する意見』（1967年7月）は、この条文を独自に解釈することによって、靖国神社を「宗教団体」でないとする。こうである。

「宗教団体たるは、その神社が宗教の教義をひろめ、儀式行事を行い及び信徒を教化育成するものでなくてはならない。神社であってもこの三目的を有しないものは宗教団体でないことは明らかである。……靖国神社には特定の教義もなければ信者もない（崇敬者は信者と異なる。仏教徒やクリスチャンで靖国神社の崇敬者たる者は無数に存在する）。従って靖国神社はその本質においてはもちろん、現行法上も宗教団体でないことは明白である。靖国神社が宗教団体でないことが判明すれば国家護持は憲法上支障ないこととなる」。

この論ははたして妥当か。何よりも、靖国神社そのものが、宗教法人法上の三つの要件を満たしているとして、自ら申請して、「宗教法人」の認定を受けているのであり、それを外部の政治家が宗教法人でないと否定するのは、政治による宗教への介入である。靖国神社は、客観的にも、「教義」「儀式行事」「信者の教化育成」の各要件は備えている。

また、「崇敬者」という用語は、明治憲法下の1908年に、それまで使用されていた「信徒」という用語に替えて、法律的に設定されたものである。これは、1900年に社寺局を廃止して神社局と宗教局に分離し、1906年に官国幣社に対して国庫供進金制度および府県社・郷村社に対して公費供進金制度を実施したことに続く、神社を他の一般宗教から区別して事実上の国教化を行政的に整備するための一環としての措置であった。

さらに、宗教法人法は、免税・軽減税などあくまでも「宗教団体に法律上の能力を与えることを目的」として「宗教団体」を定義しているのであって、かりに宗教法人法上の宗教団体でなくとも、そのことが憲法上で宗教団体でないとする論拠とはなり得ない。当然、宗教法人法上の宗教団体以外の宗教団体も、憲法上の信教の自由を享受する権利を有するし、同時に、政教分離の規制の対象ともなる。

(2) 国民的習俗論

これは、自民党憲法調査会『靖国神社法案に関する意見』(1968年4月)に出ている。「靖国神社が前に述べた宗教的儀式を行うのは、神道教義をひろめ、神道の信者を獲得するためにやるのではなく、戦没者等の霊をなぐさめその遺徳をたたえるという国民大多数の報恩感謝の念の表明を、敬虔ならしめ、厳粛ならしめるに役立つ、創建以来の定着された慣行を踏襲しているに過ぎない。善良なる国民的習俗というべく、憲法が国または国の機関が行うことを禁ずるところの『宗教活動』とは縁の切れている別の問題と考える」。

この論は、すでに分析した神社=「国家的・国民的性質」論と通底しており、ここでは繰り返さないが、ただ戦没者追悼の問題については、「宗教団体」である靖国神社が「国家護持」下で、「神道儀式」に則って戦没者慰霊を行なうこと自体が憲法違反なのである。

他方、戦没者追悼行事を、たとえばすでにある千鳥ケ淵戦没者墓苑にて行なうことは、その行事の内容・方式に憲法上の配慮をするかぎり、おそらく疑義はおきないであろう。東京都千代田区にある国立墓苑「千鳥ケ淵戦没者墓苑」（１９５９年に当初の「千鳥ケ淵墓苑」を改称）は、１９５３年12月の無名戦没者墓苑の設立に関する閣議決定に基づき、１９５９年３月に完成され、３月28日の竣工・追悼式には天皇・皇后も出席した。

同墓苑には、政府が収集した第2次大戦の海外戦没者37万69柱の遺骨が納められている（２０１９年5月現在）。政府は、当時（１９５９年3月7日）、同墓苑は「支那事変をふくめて太平洋戦争の全戦没者の象徴遺骨を納骨した施設」であるとの統一見解を出していた。しかし、その後、靖国神社国家護持化とのからみで、千鳥ケ淵戦没者墓苑は意図的に軽視されてきた。同墓苑は国民公園扱いで環境庁（２００１年、環境省）の所管である（当初は厚生省の所管であった）。

(3) 日本人流の「神」論

これも、国民的習俗論と並んで、自民党憲法調査会『靖国神社法案に関する意見』に出ている。

「日本人が英霊のことを護国の神と称するのは、学問上宗教にいうところの神と同じ意味に用いているのではない。日本人的なものの考え方によれば、普通よりすぐれた人、普通人ではできそうもない犠牲的精神の発露者を上、かみさまという場合が多い。それは決して西洋人のいう絶対者という意味の神様を指すのではない。西洋人のいう宗教上の神ではない。ゴットと訳しては誤解を生ずることに留意すべきである。よって、戦没者等を公にまつるといっても西洋人のいう神をまつり礼拝するという観念とは異なる。憲法第20条第1項の『信教の自由』、『宗教団体』というのは、西洋流に、神を信じ、教義をひろめ、信者を教化育成するという意味の信教の自由を保障する規定にすぎない。その組織体であるところの宗教団体に国が特権を与えてはならないことを規定したにすぎない。神という言葉にとらわれるべきではない。日本人流に『神』といったからとて、それが直ちにすべての憲法の意味する宗教上の神の問題と考え、神様という言葉をタブーとするという態度はアレルギーであって妥当でない」（傍点は原文）。

この論によれば、「日本」の憲法が規定対象としているのは、どういうわけか、「西洋流」の神であり信教の自由であって、「日本人流」のそれらでないということになる。なぜ「日本」の憲法が、「日本」の宗教的観念、宗教的活動を規定しないのか、規定してはならないのかという論証は皆無である。

歴史的事実としては、逆に、日本国憲法の信教の自由条項は、何よりも明治憲法下の国家神道およびそれにかかわる宗教的観念、宗教的活動を国家から切り離すことを念頭に置いて制定されたのである。

また、この日本人流の「神」論との関係で注意すべきは、それは憲法学的には滑稽であるが、これに類する発想は、何と、日本の最高裁の裁判官にも存在するということである。1997年の愛媛玉串料最高裁判決の可部恒雄反対意見がそうである。これについては、後述する。

(4) 行政的処理論

これは、「靖国神社国家護持問題」の自民党懇談会(1966年11月8日)における広瀬久忠の意見に出ている。彼は、明治憲法下の内務官僚時代の自らの経験を思い起こして、次のように言う。「憲法の上では信仰の自由はあっていいが、同時に80何条かのああいうやかましい規定の適用のないように、必要があれば村役場からも補助金も出せるし、国も補助金が出せるように神社についてはしてやってていいんじゃないかな。そのかわり神社は宗教にあらずということを決めなきゃならんが、それを決めるといったって宗教学者はとても同意しませんね。いままでの例で。仕方がないから行政の最高権威をもっておる法制局及び内閣で、やっぱり神社を宗教にあらずで押し通すようにしなきゃいかんのだと私は思う」。

この意見は、明治憲法と日本国憲法の原理的相違を完全に無視して、行政権力でもって強行突破しようとするものである。

(5) 政府の立場

以上、(1)(2)(3)(4)の論のうち論議の中心となったのは、宗教法人法の独自解釈と国民的習俗論であり、日本人流の「神」論と行政的処理論は、表面上はほとんど支持がなかった。

他方、政府はこれらの四種の論に否定的であった。政府は、それまで靖国神社を含めて神社は宗教施設（宗教団体）であることを繰り返し説明していた（清瀬国務大臣の答弁〔1956年11月24日〕・第25回国会衆議院日ソ共同宣言特別委員会議録第6号、高辻内閣法制局長官の答弁〔1964年2月21日〕・第46回国会衆議院予算委員会第1分科会議録第5号、衆議院法制局「日本国憲法における宗教及び宗教団体の意義について」〔1967年11月2日〕など）。

また、宗教法人法の解釈としても、政府当局は、次のように靖国神社を宗教団体と認定していた。「靖国神社が宗教法人としての認証を申請いたしましたときの宗教団体であるとみずから証明してきた書類の内容及び現在の宗教法人靖国神社の目的というものを見ますと、これはまさしく宗教法人法の第2条に掲げる宗教団体と認定せざるを得ない。ちょっと読ませていただきますと、規則の第3条に『本法人は、明治天皇の宣らせ給うた「安国」の聖旨に基づき、国事に殉ぜられた人々を奉斎し、神道の祭祀を行い、その神徳をひろめ、本神社を信奉する祭神の遺族とその他の崇敬者（以下「崇敬者」といふ）を教化育成し、社会の福祉に寄与しその他本神社の目的を達成するための業務を行うことを目的とする』。ここにございますように、奉斎するということと、神道の祭祀を行うということ、崇敬者の教化、育成を行うということ、これはまさしく宗教法人法の第2条に掲げる宗教団体の条件を具備したものだと解釈しております」（萬波政府説明員の答弁〔1966年6月9日〕・第51回国会衆議院社会労働委員会議録第45号。同趣旨、衆議院法制局「靖国神社法案に対する青木意見書に対する見解」〔1967年8月7日〕、参議院法制局長「靖国神社に対する国家補助についての見解」〔1967年11月2日〕）。

政府当局はさらに、憲法上の宗教を宗教学上の宗教と同じように認識して、憲法上の宗教団体を宗教法人法上の宗教団体よりも広い意味において把握すべきであるとし、宗教法人法上は宗教上の団体に法人格を付与することを主眼とするものであり、そのために必要な要求を定めて宗教団体の定義をしたのであって、憲法上の宗教団体をかような意味の宗教団体だけに限るというように狭く解することは困難であるという見解をとっていた（前記の衆議院法制局「靖国神社法案に対する青木意見書に対する見解、衆議院法制局「日本国憲法における宗教及び宗教団体の意義について」、参議院法制局長「靖国神社に対する国家補助についての見解」）。

(6) 靖国神社法案の議員提出

政府当局がこのような見解であったので、靖国神社法案は、1969年に議員提出の方法で出さざるを得なかった。しかし、この法案は内容的に重大な問題を含んでいた。

靖国神社法案は、目的として「靖国神社は、戦没者及び国事に殉じた人々の英霊に対する国民の尊崇の念を表わすため、その遺徳をしのび、これを慰め、その事績をたたえる儀式行事等を行ない、もってその偉業を永遠に伝えることを目的とする」（第1条）、解釈規定として「この法律において『靖国神社』という名称を用いたのは、靖国神社の創建の由来にかんがみその名称を踏襲したのであって、靖国神社を宗教団体とする趣旨のものと解釈してはならない」（第2条）、非宗教性として「靖国神社は、特定の教義をもち、信者の教化育成をする等宗教的活動をしてはならない」（第5条）

と定めていた。そして、この第5条について、法案の「提案理由」はこう説明していた。「靖国神社の国家護持は、あくまでも憲法の趣旨に適合してなさるべきであることは当然でありますので、そういう見地から、靖国神社は、特定の教義をもち、信者の教化育成をする等宗教的活動をしてはならない旨の規定を設けたのであります。すなわち、靖国神社が宗教的活動をしないことによって、靖国神社は宗教団体としての性格をもたないものとしたのであります」。

この法案は、現に一宗教団体として宗教活動を行なっている靖国神社に対して、その宗教団体性を剥奪し、「特定の教義」と「宗教的活動」を禁止する内容のものである。まさに国家権力による信教の自由の明白な侵害である。逆に、宗教性を保持したまま靖国神社の国家護持を行なうと、今度は憲法上の政教分離条項に正面から違反することになる。

法案のかかえる重大問題は、当時、自民党内部からも指摘されていた。「この法案にいう通りならば、靖国神社には御祭神の存在が許されなくなり、かつ宗教上の儀式行事を行うこともできなくなってしまい、『神霊不在』の靖国神社ができ上がってしまう。そのような姿が、遺族をはじめ、国民一般の感情を満足せしめるものでないことは、言はまたない。一方、神霊は追放しない、現在のままの姿で護持するということになれば、政教分離、信教の自由の精神に反する」（楠正俊「靖国神社法案に対する意見書」1969年3月12日）。

靖国神社法案は結局、不成立のままで今日に至っているが、この法案に内在していた本質的矛盾は解消され難く、そのため、表向きはほとんど支持がなかった行政的処理論が手続的に利用される可能性があった。そして、この可能性が「靖国神社公式参拝」として現実のものとなった。

第2節　「靖国神社公式参拝」問題

(1)「表敬法案」

当初、靖国神社公式参拝は、靖国神社法案が成立を見ないなかで、その便宜的な代替案として提示されたものであった。これが、1975年2月に藤尾衆議院内閣委員長私案として出された「戦没者等の慰霊表敬に関する法案(仮称)」(いわゆる「表敬法案」)であり、3月に自民党総務会で承認された。しかし、この法案は国会提出に至らなかった。

「表敬法案」の内容は、次の通りである。

一　多年に亘るわが党の努力の成果である靖国神社法案は、最高至上のものである。従って、これを立法化することを最終目標とする。

二　然るに、現下の政治情勢上、段階的にこれが実現を期したい。

三　先づ今国会において、取敢えず左記内容の法案を新しく策定し、これを通過せしめる。

記

1　天皇及国家機関員等の公式参拝

2　外国使節の公式表敬
3　自衛隊儀仗兵の参列参拝
　　――以下、略――

この「表敬法案」の頓挫後から中曽根内閣発足（1982年）までの歴代首相による終戦記念日での靖国神社参拝の仕方を、ここで簡潔にまとめておく。

1975年、三木武夫首相は、「私人」として参拝し、その際の基準として、①玉串料は公費から支出しない、②記帳には公職の肩書をつけない、③公用車を使用しない、④公職者を随行しない、という四原則を提示した。

しかし、1978年、福田赳夫首相は、①以外の三つの原則を破棄した上で、「私的参拝」を行なった。破棄の理由として、政府は、肩書記帳は社会的慣習、公用車使用は警備上の関係、正副の官房長官は随行したのでなく同行したにすぎない、と説明した。

1982年、鈴木善幸首相は、この福田方式で参拝し、かつ「参拝は心の問題、公人か私人かには答える義務がない」とした。

（2）靖国神社公式参拝への中曽根康弘の策

靖国神社公式参拝は、戦後政治の総決算を掲げる中曽根康弘によって、その実現へ向けての策が具体化されるようになった。これは、1983年7月、自民党に対して、彼が公式参拝の根拠づけをするように要請したことに始まる。これを受けてまとめられたのが、自民党政務調査会・内閣部会「靖国神社問題に関する小委員会見解」（1983年11月15日）であり、これは翌年4月13日、自民党総務会で了承され、自民党の正式の見解となった。

この「見解」に示された公式参拝合憲の根拠は、①津地鎮祭訴訟最高裁判決（1977年）、②教育基本法第9条、③神道指令失効説である。このうち、②と③は合憲の根拠とはなり得ないものであるが、問題は①である。8対5に割れたこの最高裁判決には学界からの批判が強いが、疑義があるこの判決をかりに前提にするとしても、その判決の最大限の許容範囲を靖国神社公式参拝は超えている。そうであるからこそ、政府当局者の前田内閣法制局第一部長でさえ、小委員会における講演（1983年10月19日）で、こう述べざるを得なかったのである。

「公式参拝をこの基準（＝津地鎮祭最高裁判決）に当てはめまして考えてみた場合、靖国神社はさきに申しましたように、国事に殉じた方々を奉斎し、神道の祭祀を行っている宗教法人でございますし、国務大臣が靖国神社に赴かれて、同神社に祭られています祭神に対して拝礼をされるというわけでございますから、公式参拝につきまして、およそ宗教的意義がないとか、公式参拝によりまして、およそ靖国神社に対する援助的効果が生じないというには、疑念を禁じ得ないのであります。したがいまして、公式参拝が違憲でないと断定しますわけには、なかなかまいりません、ということでございます。……公式参拝につきまして、地鎮祭と同列に論ずることができません」（『靖国神社問題に関する小委員会会議録（6）』8頁）。

内閣法制局でさえ疑義を呈するほど根拠薄弱な合憲論を主張する「見解」が、本音のところで最大の拠り所としたのは、憲法外の次のような「国民の心情」論であった。

「靖国神社は、国家の為に生命を捧げた全国の戦没者をまつるところである。戦没者の遺族のみならず、多くの国民がここを訪れる。それはもっぱら、戦没者が国家の為に貴い生命を捧げたという事実に対し、感謝の敬意を表わし、みたまを慰め、訪れる者の決意を表明するなどの意図に出るものである。……内閣総理大臣は、国家を代表する立場にある。従ってまた、国家を代表する者として時に靖国神社を訪れることは当然のことである。……慰霊、表敬等のため公務員が靖国神社を訪れる。私人としての私的参拝ではなく、公人としての公的参拝がふさわしいところである。宗教問題をこえた国民の心情の発露である」（先の「見解」に付された「小委員会見解の詳説」）。

(3)「閣僚の靖国神社参拝問題に関する懇談会」の設置

この後、首相の中曽根康弘は、こうした根拠薄弱な自民党「見解」を支えとして、1984年7月、藤波内閣官房長官の私的諮問機関として「閣僚の靖国神社参拝問題に関する懇談会（靖国懇）」を設置させた。その報告書は約1年後、「意見の対立」が解消されないまま、終戦日の8月15日に間に合うように、1985年8月9日に提出された。

ちなみに、この「靖国懇」のメンバーは、林敬三、江藤淳、小口偉一、梅原猛、末次一郎、鈴木治雄、曽野綾子、田上穣治、小嶋和司、芦部信喜、佐藤功、知野虎雄、中村元、林修三、横井大三の15人であった。

「靖国懇」報告書はこう提言する。「政府は、この際、大方の国民感情や遺族の心情をくみ、政教分離原則に関する憲法の規定の趣旨に反することなく、また、国民の多数により支持され、受けいれられる何らかの形で、内閣総理大臣その他の国務大臣の靖国神社への公式参拝を実施する方途を検討すべきであると考える」。これはまさに、自民党「見解」における「国民の心情」論と同質のものである。

また、報告書は、靖国神社には「明治維新前後においていわゆる賊軍と称せられた人々が祀られていないことや、極東軍事裁判においていわゆるA級戦犯とされた人々が合祀されていることなど」の問題については、「しかし、合祀者の決定は、現在、靖国神社の自由になし得るところであり、また、合祀者の決定に仮に問題があるとしても、国家、社会、国民のために尊い生命を捧げた多くの人々をおろそかにして良いことにはならないであろう」と言う。

確かに、合祀者の決定は、一宗教団体としての靖国神社が信教の自由の一環として行なうことができるものであるが、そうした宗教活動を行なう宗教団体に国家がかかわることを正当化する憲法的根拠はおよそ存在しない。また、報告書は「合祀者の決定は、現在、靖国神社の自由になし得る」と述べているが、実際、靖国神社は、合祀されている者の遺族がその合祀に反対している場合でも合祀している。これなどは、靖国神社の活動の主たる目的の一つである「慰霊」と本質的に対立するものである。

報告書はこうも言う。「国民の一部に、靖国神社公式参拝は戦前の国家神道及び軍国主義の復活に結びつくおそれがあるとの意見があり、討議の過程においても、そのような靖国神社へ公式参拝することは問題であるとの意見があった。しかし、現在、靖国神社は他の宗教法人と同じ地位にある宗教法人であり、戦前とは性格を異にし、また、憲法上も、国家神道の復活はあり得ない」。

戦前の国家神道は、神社＝「非宗教」という擬制下で成立していたが、報告書はこの擬制でさえ取っ払い、靖国神社を明確な宗教法人であることを当然の前提にして、それと国家との結びつきが許されるとしている。「復活」というより、新種の国家神道ともいえるこうした論を何のためらいもなく主張する報告書を作成した多数派の「有識者」なるものは、いかなる感覚を有しているのか。

この奇妙な感覚は、次の言説にも出ている。「靖国神社への参拝という行為は、宗教とのかかわり合いを持つ行為である。したがって、政府は、内閣総理大臣その他の国務大臣の靖国神社参拝に当たっては、憲法第20条第2項（信教の自由）との関係に留意し、制度化によって参拝を義務付ける等、信教の自由を侵すことのないよう配慮すべきである。」

このように「宗教とのかかわり合い」を公然と認めた上で、「義務付け」等がないかぎり問題ないとする論は、個人の信教の自由と政教分離の統一体としての信教の自由条項を解体し、政教分離規定をほぼ無意味にするものである。

報告書の内容はこのようなものであったが、しかし、「この懇談会の結論の多数意見と称する意見」に対しては、「参拝の方法を変えれば、つまり、神道の方式によらなければ、合憲であるというのでなく、どのような方法をとろうとも靖国参拝そのものが違憲であるという意見」が、「かなりあった」（メンバーであった梅原猛の言。『ジュリスト』848号、1985年、10頁）。これらの反対意見は、強い要求により、報告書に次のように付記された。

「（その5）憲法第20条第3項の政教分離原則は、国家と宗教との完全な分離を求めるものであり、宗教法人である靖国神社に公式参拝することは、どのような形にせよ憲法第20条第3項の禁止する宗教的活動に当たり、違憲と言わざるを得ないとする意見」。

「（その6）本来は（その5）の意見が正当であるが、最高裁判決の目的効果論に従ったとしても、宗教団体である靖国神社に公式参拝することは、たとえ、目的は世俗的であっても、その効果において国家と宗教との深いかかわり合いをもたらす象徴的な意味を持つので、国家と宗教とのかかわり合いの相当とされる限度を超え、違憲と言わざるを得ないとする意見」。

このうち、（その6）の意見を述べた芦部信喜は、合憲の結論へ強引にもっていかれるような流れのなかで（芦部は「この段階で私は、自分の学問的良心を貫くためには委員であることを辞退すべきではないかとも考えた」という。芦部「靖国懇と私の立場」『宗教・人権・憲法学』有斐閣、1999年、102頁）、懇談会にて、宗教施設であり宗教団体である靖国神社への公式参拝を「合憲とするには正常な憲法解釈の限界を超える問題である」と主張したことを後に明らかにしたが（前掲『ジュリスト』848号、8頁）、公式参拝へと政治的に強引に主導した首相・中曽根康弘の憲法感覚はもともと、まさにそうした「正常な憲法解釈の限界」を超えていたのである。

（その5）の意見についても、いくらか言及しておく。この意見が学界では支配的であるが、この意見を出した佐藤功の次の論には問題がある。

「懇談会の討議において、中村元先生が、靖国神社が国民的なものとなるためには、他の宗教儀礼による表敬をも受け入れるべきであり、狭量な立場を固守して、しかも国民的であろうとすることは矛盾している、という趣旨のことを述べられたのに、私は教えられるところが多かった。……もしも靖国神社が、仏教に限らず、他のすべての宗教・宗派にも門を開く日が来るならば、それは靖国神社が『宗教・宗派を超越した』非宗教的な追悼廟的なものとなる途を開くことを意味するともいえよう」（前掲『ジュリスト』848号、27頁）。

佐藤はこれを「靖国神社に期待することは、恐らく不可能であろう」とも述べているが、かりに他の宗教・宗派へ宗教儀礼等で門戸を開いても、宗教団体としての靖国神社をそのままにするかぎり、靖国神社が「非宗教的な追悼廟的なもの」となるわけでない。主観的にはともあれ、佐藤の論は、実体的には、第2次大戦末期に強まった、神社は「宗教ヲ超越スル教」であるとする政府の論に近似したものに陥っている。

(4) 靖国神社公式参拝の強行

「靖国懇」報告書の提出を受けて、藤波内閣官房長官は、1985年8月14日に談話を発表し、公式参拝を行なうことをこう明言した。

「このたび、『閣僚の靖国神社参拝問題に関する懇談会』の報告書を参考にして、慎重に検討した結果、今回のような方式によるならば、公式参拝を行っても、社会通念上、憲法が禁止する宗教的活動に該当しないと判断した。したがって、今回の公式参拝の実施は、その限りにおいて、従来の政府統一見解を変更するものである」。

こうして、8月15日、中曽根首相は靖国神社に公式参拝し、「内閣総理大臣中曽根康弘」と記帳した上で、本殿で一礼し、供花料として公費3万円を支出した。この参拝方式は、「二礼二拍手一礼」と「玉串料」の神道方式を、批判緩和のために故意に変えたものである。

上記の藤波談話に「従来の政府統一見解を変更する」とあるが、この変更以前の統一見解と変更後の統一見解の内容は、以下の通りである。

「政府統一見解(国務大臣の靖国神社参拝について)」(1980年11月17日、宮沢官房長官説明)

政府としては、従来から、内閣総理大臣その他の国務大臣としての資格で靖国神社に参拝することは、憲法第20条第3項との関係で問題があるとの立場で一貫してきている。

右の問題があるということの意味は、このような参拝が合憲か違憲かということについては、いろいろな考え方があり、政府としては違憲とも合憲とも断定していないが、このような参拝が違憲ではないかとの疑いをなお否定できないということである。

そこで政府としては、従来から事柄の性質上慎重な立場をとり、国務大臣としての資格で靖国神社に参拝することは差し控えることを一貫した方針としてきたところである。

「昭和55年11月17日の政府統一見解の変更に関する政府の見解」（1985年8月20日、藤波官房長官説明）

政府は、従来、内閣総理大臣その他の国務大臣が国務大臣としての資格で靖国神社に参拝することについては、憲法第20条第3項の規定との関係で違憲ではないかとの疑いをなお否定できないため、差し控えることとしていた。

今般「閣僚の靖国神社参拝問題に関する懇談会」から報告書が提出されたので、政府としては、これを参考として鋭意検討した結果、内閣総理大臣その他の国務大臣が国務大臣としての資格で、戦没者に対する追悼を目的として、靖国神社の本殿又は社頭において、一礼する方式で参拝することは、同項の規定に違反する疑いはないとの判断に至ったので、このような参拝は、差し控える必要がないという結論を得て、昭和55年11月17日の政府統一見解をその限りにおいて変更した。

明治憲法下での国家神道は、少なくとも建前上は神社「非宗教」論を土台としており、また廃案となった靖国神社法案も建前上、「非宗教性」の規定（第5条）を置いていた。他方、靖国神社公式参拝は、宗教法人法上の宗教団体のままの靖国神社と国家が結びついたものであった。何のはばかりもなく、憲法を侵害したと言える。自分たちの考える「社会通念」に憲法を無理に合わせた。ここには、憲法の規範性は存在しない。

しかも、これを正当化するために、内閣官房長官の「私的諮問機関」たる懇談会を利用している。懇談会は、公式参拝賛成者があらかじめ多数派となるように官房長官が選定したメンバーからなるものであり、国民による統制はおろか、国会による統制さえ全く受けない私的集団である。これは、形式的には内閣の責任で遂行されたという意味では、先述の靖国神社法案論議の際にあった行政的処理方式の一種であるが、実質的には民主的統制が皆無の、内閣のなかの法制官僚の抑制さえきかない、脱法的な処理方式であった。このあたりから、戦後の日本の憲政が明示的に壊れはじめた。中曽根は、行政上で、実に悪質な反憲政的な前例をつくった。これ以後、自由に操作できる「有識者」の利用が行政で常態化するようになった。

首相の公式参拝は、１９８６年以後、中国・韓国を中心とするアジアの被侵略国の厳しい批判を顧慮して行なわれなくなったが、この公式参拝中止は外交問題の回避を理由としており、そこには、日本の憲法や国内からの批判に対する配慮は全くなかった。

公式参拝中止後、政府筋は、被侵略国が公式参拝に強く反対している理由はA級戦犯の靖国神社合祀にあるとみて、A級戦犯の合祀問題の解決を模索するようになった。その方法の一つは、戦犯家族の方から合祀の取り下げを申し出させることであった。しかしこれには、戦犯家族も靖国神社も反対した。

1986年11月、日本遺族会出身の参議院議員・板垣正は、政府筋の意を受けて、白菊遺族会（戦犯者遺族の会）の会長・木村可縫と協議の上、「この際、遺族として傍観することなく、靖国神社側に対し、いわゆる『A級戦犯』14名の合祀の取り下げを申し出ることが故人の遺志にも合致し、大方の関係遺族のご心境にも沿うものではないかという結論に至った」という文面を含む文書を作成し、それでもって板垣がA級戦犯の東條英機の遺族である次男（板垣は「長男」としているが誤りである）の意向を聞いたところ、次のような反対の意思表示が出されたという。

「A級戦犯が合祀されているから、靖国神社に日本の首相が公式参拝することは妥当ではない」という議論は、東京裁判での戦勝国側の理論、一命を賭して反論した被告側の遺族として同調できない。靖国神社のA級戦犯合祀の是非に関しては、遺族としては発言し得る立場にない。しかし合祀されたことは、いわゆるA級戦犯が戦没者として認められた訳で遺族として感謝する。「合祀取り下げを申し出ることが故人の遺志に合致する」という提案者の見解は全く誤解と考える。故人が日本の国家国民に対し痛感していた重大責任は、敗戦という結果に対する責任である。日中間の「靖国問題」は、日中両国の政治家が不適当な言動を行った為に起こった問題である。我々遺族が解決に当たらねばならぬ筋合いではない（板垣正『靖国公式参拝の総括』展転社、2000年、185頁以下）。

この交渉の頓挫後も、A級戦犯を靖国神社から分離させようとする政府筋の模索は続いている。たとえば、1999年8月、野中広務官房長官は記者会見で、「靖国神社からA級戦犯を分祀し、同神社を特殊法人化するのが望ましい」と発言している。A級戦犯の合祀問題の解決は、きわめて厳しい状況にあることは否定できない。

第四部　判例の分析

第1章　靖国神社公式参拝関係の判例

靖国神社公式参拝関係で最も重要なのは、靖国神社公式参拝実現を内閣総理大臣へ要望する自治体議会決議および靖国神社への玉串料等の献納の違憲性が問われた岩手靖国訴訟の控訴審判決（仙台高判1991年1月10日、『判例時報』1370号、3頁）である。

この判決は、前者の公式参拝の問題について、結論的にこう判示した。

「以上、認定、判断したところを総合すれば、天皇、内閣総理大臣の靖国神社公式参拝は、その目的が宗教的意義をもち、その行為の態様からみて国又はその機関として特定の宗教への関心を呼び起こす行為というべきであり、しかも、公的資格においてなされる右公式参拝がもたらす直接的、顕在的な影響及び将来予想される間接的、潜在的な動向を総合考慮すれば、右公式参拝における国と宗教法人靖国神社との宗教上のかかわり合いは、我が国の憲法の拠って立つ政教分離原則に照らし、相当とされる限度を超えるものと断定せざるをえない。したがって、右公式参拝は、憲法20条3項が禁止する宗教的活動に該当する違憲な行為といわなければならない」。

後者の玉串料の問題についても、こう述べて違憲と断じた。

「以上検討したところによれば、本件玉串料等の支出は、その意図ないし目的が戦没者の追悼及び遺族の慰藉料という世俗的な側面を有するとはいえ、玉串料等の奉納は同神社の宗教上の行事に直接かかわり合いをもつ宗教性の濃厚なものであるうえ、その効果にかんがみると、特定の宗教団体への関心を呼び起こし、かつ靖国神社の宗教的活動を援助するものと認められるから、政教分離の原則から要請される岩手県の非宗教性ないし中立性を損なうおそれがあるというべきである。そして、右支出によって生じる岩手県と同神社とのかかわり合いは、その招来するであろう波及的効果に照らし、右支出は、憲法20条3項の禁止する宗教的活動に当たるものといわなければならない」。

実質的に勝訴した住民側は、形式的敗訴の判決に対して上告せず、逆に形式的勝訴の県側が行なった特別抗告を、1991年9月24日、最高裁が却下したことによって、控訴審判決が確定した。

その他、関西靖国神社公式参拝訴訟控訴審判決（大阪高判1992年7月30日、『判例時報』1434号、38頁）は、中曽根総理大臣による公式参拝は、それが行われた場所、一般人に与える効果、影響、その他の諸事情を総合し、社会通念に従って考えると、「宗教的活動に該当する疑いが強く、公費から3万円を支出して行った本件公式参拝は、憲法20条3項、89条に違反する疑いがあるというべきである」と判示し、九州靖国神社公式参拝訴訟控訴審判決（福岡高判1992年2月28日、『判例時報』1426号、85頁）は、「宗教団体であることの明らかな靖国神社に対し、『援助、助長、促進』の効果をもたらすことなく、内閣総理大臣の公式参拝が制度的に継続して行われうるかは疑問」であると述べて、違憲の疑いが存することを指摘した。これら両判決とも上告されず、確定した。

第2章　即位の礼・大嘗祭、皇室祭祀関係の判例

（1）即位の礼、大嘗祭関連の訴訟の一つの大阪「即位の礼・大嘗祭」訴訟での控訴審判決は、結論的には、控訴人らの国費支出差止請求、違憲確認請求、損害賠償請求のいずれも退けたものの、大嘗祭、即位の礼、政府による国民への天皇即位の奉祝要請について、次のように疑義を提示しているのが注目される（大阪高判1995年3月9日、『行政事件裁判例集』46巻2・3号、250頁）。

①大嘗祭が「神道儀式としての性格を有することは明白」であり、これを公的な皇室行事として宮廷費をもって執行したことは、「いわゆる目的効果基準に照らしても、少なくとも国家神道に対する助長、促進になるような行為として、政教分離規定に違反するのではないかとの疑義は一概には否定できない」。

②本件の「即位礼正殿の儀」は、「旧登極令及び同附式を概ね踏襲しており、……神道儀式である大嘗祭諸儀式・行事と関連づけて行われたこと、天孫降臨の神話を具象化したものといわれる高御座や剣、璽を使用したこと等、宗教的な要素を払拭しておらず、大嘗祭と同様の趣旨で政教分離規定に違反するのではないかとの疑いを一概に否定できないし、天皇が主権者の代表である海部首相を見下

ろす位置で『お言葉』を発したこと、同首相が天皇を仰ぎ見る位置で『寿詞』を読み上げたこと等、国民を主権者とする現憲法の趣旨に相応しくないと思われる点がなお存在することも否定できない」。

③「天皇の即位を祝うかどうか、これに祝意を表すかどうかは個人の思想、表現の自由に属する事柄であって、個人が祝意を表すことを国家が事実上にしろ強制すれば、私人の思想、表現の自由の侵害になるし、とりわけ我が国においても天皇や天皇制度に対する国民の思いは様々なものがあるから、例え『要望』との表現であっても、国家がこの種の要請をすることには慎重でなければならない」。

この判決は、結果的には敗訴した控訴人側が上告しなかったことにより、確定した。なお、第一審判決は、裁判所は具体的事件を離れて抽象的に法律命令等の合憲性を判断する権限を有していないので、原告らの本件の違憲確認の訴えは不適法であるとしていた（大阪地判1992年11月24日、『判例タイムズ』812号、56頁）。

（2）1985年11月23日に皇居で行なわれた新嘗祭に新穀（米および粟）を献納するため、近江八幡市新穀献納奉賛会が組織され、かつ同市の住民から献納者2名が選定され、同市は同奉賛会に対し補助金として公金500万円（その後、残余金12万円が返還された）を支出し、かつ滋賀県は献納者2名に対し報償金として、それぞれ公金30万円を支出した。この違憲性が争われた滋賀献穀祭訴訟の控訴審判決は、献納者への報償金は「専ら農業振興目的」であるとして合憲としたが、奉賛会への補助金については、次のように述べて違憲とした（大阪高判1998年12月15日、『判例時報』1671号、19頁）。

①「献納される新穀は、新嘗祭において、神饌として神前に供えられるものであり、新嘗祭は皇室及び各神社において重要な祭祀として執り行われているから、神道において新穀献納は重要な宗教的意義があると考えられていることは明らかである」。そのうえ、献納される新穀は「特別に作られた斎田で、栽培・収穫されるものであるから、新穀の奉納の宗教性は、玉串料に比してなお強いものといえる（なお、本件では玉串料の支出もある）」。新穀献納に至るまでの行事は、「特に神聖な場所として作られた斎田において、神道儀式が多数回行われるものであって、全体として宗教的意義を色濃く帯びている」。

②本件補助金は488万円と「多額」なうえ、本件奉賛会の各支出は「新穀献納旅費、祭主お礼、各祭典記念品、玉串料、祭典用品代、唐櫃、直会、各献納装束借り上げ代、斎田構築管理費など、宗教的行為に直接に関係する支出が7割以上を占めている。このような費用に充てさせるために、近江八幡市が多額の補助金を支出することは、一般人に対して、同市が神道を特別に支援しており、神道が他の宗教とは異なる特別なものとの印象を与え、神道への関心を呼び起こすものといわねばならない。そして、一般人の意識がこのようなものであれば、近江八幡市としても、献納とそれまでの本件奉賛会の行為が宗教的意義を有するとの意識を持たざるを得ないと思われる」。

③本件奉賛会の行う新穀献納行事は、「農業振興目的と皇室に対する敬愛の情をはぐくむという目的をも有していた」が、しかしながら、これらの目的は「新穀献納行事によらなくとも、他の方法でも実現できる」し、日本国憲法制定の経過に照らすと、「本件のような宗教色がきわめて強い行為を

させるための多額の支出が、相当とされる限度を超えないものとして、憲法上許されることになるとはいえない」。以上を総合的に考慮判断すると、本件補助金支出は、「その目的が宗教的意義を有することを免れず、その効果が神道に対する援助、助長、促進になると認めるべきであり、これによってもたらされる近江八幡市と神道とのかかわり合いが我が国の社会的、文化的条件に照らし相当とされる限度を超えるものであるから、憲法20条3項に反し、違法である」。

この判旨は基本的には適切であるが、ただ判決が結論的に、本件補助金支出当時、関連する最高裁判例として津地鎮祭判決しかなかった（つまり、1997年の愛媛玉串料最高裁判決がまだ出されていなかったことを含意）ことを主たる理由として、被控訴人の近江八幡市長らに故意過失が存しなかったとしたのは問題である。

本件行為は、地鎮祭と比しても違憲性が濃厚であり、かつ行政が依拠すべき最高規範は最高裁判例ではなく憲法である（憲法76条3項、98条1項を参照）。これらのことからして、近江八幡市長らに故意はともかくとして、少なくとも過失はあったとするのが妥当であろう。この判決は、形式的に敗訴した控訴人側が上告しなかったことにより、確定した。

（3）他に、即位の礼、大嘗祭関連の訴訟で、即位礼正殿の儀が「宗教とかかわり合いを持つものである」こと、および大嘗祭が「宗教上の儀式」であることを認めながら、これらが世襲の象徴天皇の即位にかかわる儀式であるということを強調して、都知事の即位の礼、大嘗祭関係の諸儀式への参列に伴う公金支出等を合憲とした東京地裁判決（１９９９年３月24日）、同種の論理で、神奈川県知事の即位礼正殿の儀への参列および神奈川県議会議長の即位礼正殿の儀と大嘗祭の儀への参列に伴う公金支出等を合憲とした横浜地裁判決（１９９９年９月27日）と東京高裁判決（２００２年９月19日）、大嘗祭に関係する儀式の「主基斎田抜穂《すきさいでんぬきほ》の儀」が「宗教的儀式」であると認定しながら、その儀式への大分県知事らの参列・拝礼は新天皇に敬意ないし祝意を表すためのもので合憲とした大分地裁判決（１９９４年６月30日）と福岡高裁判決（１９９８年９月25日）、鹿児島県知事の大嘗祭参列は天皇の皇位継承儀式に儀礼を尽くし、祝意を表す目的と効果をもつにすぎないので合憲とした鹿児島地裁判決（１９９２年10月２日）と福岡高裁宮崎支部判決（１９９８年12月１日）等がある。

　最高裁第三小法廷は、「主基斎田抜穂の儀」訴訟において、次のように判じて、本件を合憲とした（２００２年７月９日、『判例時報』１７９９号、１０１頁）。

「主基斎田抜穂の儀は、天皇が皇祖及び天神地祇に対して安寧と五穀豊穣等を感謝するとともに国家や国民のために安寧と五穀豊穣等を祈念する儀式である大嘗祭に関連して行われる諸儀式の一つであり、神殿等が設置された斎場において、神道の儀式にのっとり一定の祭具を使用して行われたというのであるから、大分県の知事、副知事及び農政部長である被上告人らがこれに参列した行為は、宗教とかかわり合いを持つものといわざるを得ない」。

　しかしながら、「(1) 大嘗祭は、７世紀以降、天皇の即位に当たり行われるようになった儀式であり、一時中断された時期はあるものの、皇位継承の際に通常行われてきた皇室の重要な伝統儀式であるところ、主基斎田抜穂の儀は、大嘗祭の中心的儀式である主基殿供饌の儀において使用される新穀を収穫するための儀式であり、大嘗祭の一部を構成する一連の儀式の一つとして大嘗祭挙行の際に欠かさず行われてきたものであって、天皇の即位に伴う皇室の伝統儀式としての性格を有するものである、(2) 被上告人らは、宮内庁から案内を受け、地元の農業関係者等と共に主基斎田抜穂の儀に参列して拝礼したにとどまる、(3) 主基斎田抜穂の儀への被上告人らの参列は、その開催地において重要な公職にある者の社会的儀礼として、地元で開催される天皇の即位に祝意、敬意を表する目的で行われたものである」。

「これらの諸点にかんがみると、被上告人らの主基斎田抜穂の儀への参列の目的は、地元で開催される天皇の即位に伴う皇室の伝統的儀式に際し、日本国及び日本国民統合の象徴である天皇に対する社会的儀礼を尽くすというものであると認められ、その効果も、特定の宗教に対する援助、助長、促進又は圧迫、干渉等になるようなものでないと認められる。したがって、被上告人らの主基斎田抜穂の儀への参列は、宗教とのかかわり合いの程度が我が国の社会的、文化的諸条件に照らし、信教の自由の保障の確保という制度の根本目的との関係で相当とされる限度を超えるものとは認められず、憲法上の政教分離原則及びそれに基づく政教分離規定に違反するものではないと解するのが相当である」。

この判決は、4人の裁判官の全員一致で出された。

最高裁第一小法廷判決は、大嘗祭鹿児島訴訟において、次のように述べて、住民側上告を棄却した（2002年7月11日、『判例時報』1799号、99頁）。

「大嘗祭は、天皇が皇祖及び天神地祇に対して安寧と五穀豊穣等を感謝するとともに国家や国民のために安寧と五穀豊穣等を祈念する儀式であり、神道施設が設置された大嘗宮において、神道の儀式にのっとり行われたというのであるから、鹿児島県知事である被上告人がこれに参列し拝礼した行為は、宗教とかかわり合いを持つものである」。

しかしながら、「(1)大嘗祭は、7世紀以降、一時中断された時期はあるものの、皇位継承の際に通常行われてきた皇室の重要な伝統儀式である、(2)被上告人は、宮内庁から案内を受け、三権の長、国務大臣、各地方公共団体の代表等と共に大嘗祭の一部を構成する悠紀殿供饌の儀に参列して拝礼したにとどまる、(3)大嘗祭への被上告人の参列は、地方公共団体の長という公職にある者の社会的儀礼として、天皇の即位に伴う皇室の伝統儀式に際し、日本国及び日本国民統合の象徴である天皇の即位に祝意を表する目的で行われたものである」。

「これらの諸点にかんがみると、被上告人の大嘗祭への参列の目的は、天皇の即位に伴う皇室の伝統的儀式に際し、日本国及び日本国民統合の象徴である天皇に対する社会的儀礼を尽くすというものであり、その効果も、特定の宗教に対する援助、助長、促進又は圧迫、干渉等になるようなものでないと認められる。したがって、被上告人の大嘗祭への参列は、宗教とのかかわり合いの程度が我が国の社会的、文化的諸条件に照らし、信教の自由の保障の確保という制度の根本目的との関係で相当とされる限度を超えるものとは認められず、憲法上の政教分離原則及びそれに基づく政教分離規定に違反するものではないと解するのが相当である」。この判決は、5人の裁判官全員一致で出された。

これら「主基斎田抜穂の儀」訴訟と大嘗祭鹿児島訴訟における最高裁の2つの合憲判決は、それぞれの事件の脈絡に応じて一定の言い換えがあるにしても、その論理と趣旨においてほぼ同じものであるとみなすことができる。

この2つの判決にかかわる憲法上の問題を要約的にいえば、これらは、次の諸点を無視した判決である。

（1）日本国憲法上の象徴天皇は国民主権下においてこそ存在可能であること（1条）、（2）憲法2条の「皇位世襲」規定は、皇位継承の際に何らかの政治的紛議を随伴することを回避するために、皇位就任が選挙その他の選定や能力によるのでなく、もっぱら血統に基づくものであることを明らかにしているにすぎず、それ以上の法的内容を有するものではない、つまり皇位継承に付随して大嘗祭等の宗教的行事を公的に行なうことを合憲化しないこと、（3）象徴天皇の行為の「公」と「私」は憲法上厳格に区別されていること（4条、6条、7条）、（4）皇室の宗教的な伝統儀式、伝統行事なるものは、明治憲法の神権天皇制においてこそ「公」的な国家行事であったのであり、日本国憲法下ではこれらの儀式・行事は「私」的な行事へ転化しており、それらが「公」と結びつことは禁止されていること、（5）憲法上の政教分離条項制定の主たる趣旨の一つは、皇室神道を核とする国家神道の公的な場での復活の阻止であったこと、（6）皇室神道は宗教法人法上の宗教でないだけであり、憲法上の宗教であることは否定し得ないこと、（7）国家と宗教の分離（政教分離）の条項の基本的なメルクマールは「宗教」であり、「社会的儀礼」の名目でもって国家と宗教の結びつきを合憲化し得ないこと、また、「社会的儀礼」論は、愛媛玉串料最高裁大法廷判決の可部反対意見の「社会的儀礼」論と通底するものであり、その大法廷判決に反していること、（8）大嘗祭にしろ抜穂の儀にしろ、それらへの参列は「公的参列」である必要性はなく、「私的参列」は可能であったこと、（9）天皇即位への祝意・敬意は、宗教とかかわり合いのない行為でもって表することができること、等である。

また、注意すべきは、大嘗祭および抜穂の儀への巨額の「国費支出」そのものと、それらの儀式への「公費による参列」は法理的には区別することができ、参列を合憲とすることが直ちに神道儀式としての大嘗祭および抜穂の儀への国費支出を合憲化することはできないことである。「主基斎田抜穂の儀」訴訟の控訴審判決が、大嘗祭等への国費支出とそれらの儀式への公費による参列は、「宗教的儀式に対するかかわり合いの段階が異なり」、「国又は地方公共団体と宗教的色彩を持つ行為とのかかわり合いが政教分離の原則に違反するかどうかは、目的効果基準に照らして、個別に判断されるべきものである」と述べているのは、上述のことを示唆している。

最高裁の2つの判決も、大嘗祭および抜穂の儀の神道的宗教性を認定しつつ、判決それ自体は、主に「宮内庁からの案内」と「社会的儀礼」に依拠して出していることからして、少なくとも理論的には、最高裁は、いまだ大嘗祭への国費支出そのものについて憲法判断を示していないと考えられる。ただし、国民が直接に、大嘗祭への国費支出の違憲性を問う訴訟を提起することは、判例上で困難にさせられている。

なお、前記の神奈川県知事の即位礼正殿の儀への参列および神奈川県議会議長の即位礼正殿の儀と大嘗祭の儀への参列に伴う公金支出の訴訟においては、２００４年６月28日、最高裁第二小法廷は、３人の裁判官の全員一致で、大嘗祭鹿児島訴訟を「参照」として、上述の二つの最高裁判決と同じ「社会的儀礼」論を述べて合憲とした。

政府は、この２００４年６月の最高裁判決を援用して、10月22日の「即位の礼正殿の儀」を、１９８９年の代替わりを踏襲して挙行することを、２０１９年６月20日に決定している。

第3章　神社関係の訴訟の最高裁大法廷判決

第1節　津地鎮祭訴訟の最高裁大法廷判決

(1) 事実の概要

この訴訟は、原告である市会議員が、津市主催の体育館の地鎮祭（起工式）を違憲として主張して、1965年、津市長と津市教育委員会を相手方に提訴したものである。

より具体的には、地方公共団体である津市が神社の神官を招いて神道式に則って行なった体育館地鎮祭が、憲法20条3項の「国及びその機関はいかなる宗教的活動もしてはならない」という規定に違反し、従って、このような宗教的儀式に対し神官報償費、供物代を支出することは違法支出にあたるとして、地方自治法242条の2第1項4号に基づく損害賠償を求め、同時に、市会議員として本件地鎮祭に招待を受け出席したことにより、何ら信仰していない神道式による宗教的儀式に参加を強いられ、そのため精神的苦痛をこうむったとして、慰謝料請求を併合して訴訟提起したものである。

1967年の第一審判決（津地判1967年3月16日、『行政事件裁判例集』18巻3号、246頁）は、「本件起工式は、それが外見上は神道の宗教的儀式に属することは否定できないけれども、その実態をみれば神道の布教宣伝を目的とする宗教的活動ではもちろんないし、また宗教的行事というより習俗的行事と表現した方が適切であろう」として、本件起工式を違憲ではないと判断した。

1971年の控訴審判決（名古屋高判1971年5月14日、『行政事件裁判例集』22巻5号、680頁）は、一審とは逆に、本件起工式は憲法上の宗教的活動にあたるがゆえに違憲であると判示した。

1977年の最高裁大法廷判決（最大判1977年7月13日、『最高裁判所民事判例集』31巻4号、533頁）は、控訴審判決を破棄し、本件起工式は宗教とのかかわり合いをもつものであることは否定し得ないが、憲法20条3項により禁止される宗教的活動にはあたらないとした。この判決は、多数意見8人、反対意見5人で出された。多数意見は、岡原昌男、天野武一、岸上康夫、江里口清雄、大塚喜一郎、高辻正己、本林譲、栗本一夫の8裁判官。反対意見は、藤林益三、吉田豊、団藤重光、服部高顯、環昌一の5裁判官。藤林裁判官は追加反対意見も執筆している。

(2) 分析

本件地鎮祭訴訟の一つの重要な争点は、「神社」問題であった。この訴訟において、市長側の鑑定人らは、次のような神社（神道）＝「非宗教」論を主張した。

渋川謙一「神道は神ながらの道であり、日本古来の信仰、文化を包含するが故に非宗教である」。

大石義雄「いわゆる国家神道または神社神道の本質的普遍的性格は、宗教ではなく国民道徳的なものであり、神社の宗教性は従属的、偶然的性格である」。小野祖教「神社神道は宗教性があっても、いわゆる宗教ではなく、戦後宗教法人となったのは単なる法の擬制であり、行政上の取扱いである」。

これらの神社「非宗教」論に対して、控訴審判決はまず憲法上の宗教をこう定義づける。「憲法でいう宗教とは『超自然的、超人間的本質（すなわち絶対者、造物主、至高の存在等、なかんずく神、仏、霊等）の存在を確信し、畏敬崇拝する心情と行為』をいい、個人的宗教たると、集団的宗教たると、はたまた発生的に自然的宗教たると、創唱的宗教たるとを問わず、すべてこれを包含するものと解するを相当とする。従って、これを限定的に解釈し、個人的宗教のみを指すとか、特定の教祖、教義、教典をもち、かつ教義の伝道、信者の教化育成等を目的とする成立宗教のみを宗教と解すべきではない」。

そうして、判決はこの定義を基礎にして、神社「非宗教」論をこう鋭く批判する。

「かかる観点からこれを考えれば、たとえ神社神道が祭祀中心の宗教であって、自然宗教的、民族宗教的特色があっても、神社の祭神（神霊）が個人の宗教的信仰の対象となる以上、宗教学上はもとよりわが国法上も宗教であることは明白である。個人が神社を崇敬しこれに参拝するのは、神社の建造物や神職に対してするものではなく、その背後にある神霊すなわち超自然的存在を信じてこれに礼拝するのである」。

「ところが、旧憲法下においては、神社に国教的性格を与え、祭祀と宗教を分離して宗教団体法（昭和14年法律第77号）の規律の範囲外とするなど、行政上他の宗教と区別したため、当時の政府は、神社は旧憲法28条にいう宗教ではなく、憲法の上諭・告文・勅語で明らかなわが国体観念に基づく超宗教であり、国家の祭祀であって、『神社は宗教に非ず』と説明していた。しかし、これに対しては、他の宗教界、宗教学者及び法学者らより強い非難があり、むしろ神社神道が宗教であることは、当時すでに国内的にも国際的にも定説というべきものであった」。「戦後、いわゆる神道指令により神社神道が宗教であることは明らかになった」。しかし、「神社神道の本質的普遍的性格は、法人格の有無、名称の如何にかかわらず、わが法制上は宗教であり、宗教現象の中心的部分にあると周辺的部分にあるとを問わず、憲法上の規制を免れないと断ぜざるを得ない」。

この論定は学界の大方の賛同を得ている。このように、控訴審判決が神社「非宗教」論を明確に否定したのに対して、最高裁の多数意見は、神社「非宗教」論について直接的には言及しなかった。だが、最高裁多数意見の内容そのものに、神社「非宗教」論との親和性が存在していたことに注意する必要がある。以下、その内容を検討する。

第一に、最高裁多数意見（以下、多数意見と略す）は、政教分離規定の趣旨についてこう言う。「憲法は、明治維新以降国家と神道とが密接に結びつき前記のような種々の弊害を生じたことにかんがみ、新たに信教の自由を無条件に保障することとし、更にその保障を一層確実なものとするため、政教分離規定を設けるに至ったのである」。「憲法は、政教分離規定を設けるにあたり、国家と宗教との完全な分離を理想とし、国家の非宗教性ないし宗教的中立性を確保しようとしたもの、と解すべきである」。

多数意見における政教分離規定の理解が、ここでとどまっておれば、地鎮祭「合憲」判決は出されなかったであろう。ところが、このあと、多数意見は「しかしながら」と逆説で文章を続け、「現実の国家制度として、国家と宗教との完全な分離を実現することは、実際上不可能に近いものといわなければならない」と言う。そうして、憲法は本来「分離」を前提としていたはずのものが、多数意見はこれを逆転させて「かかわり合い」を前提とするような論旨を展開する。こうである。「政教分離規定の保障の対象となる国家と宗教との分離にもおのずから一定の限界があることを免れず、政教分離原則が現実の国家制度として具現される場合には、それぞれの国の社会的・文化的諸条件に照らし、国家は実際上宗教とある程度のかかわり合いをもたざるをえないことを前提としたうえで、そのかかわり合いが、信教の自由の保障の確保という制度の根本目的との関係で、いかなる場合にいかなる限度で許されないこととなるかが、問題とならざるをえないのである」。いわゆる「目的・効果」基準が、この「かかわり合い」の限度の判定基準として登場するのはこのすぐあとである。政教分離原則は、「宗教とのかかわり合いをもたらす行為の目的及び効果にかんがみ、そのかかわり合いが右の諸条件に照らし相当とされる限度を超えるものと認められる場合にこれを許さないとするものである」。

この論旨は、地鎮祭最高裁反対意見（以下、反対意見と略す）が、「政教分離原則を多数意見のように解すると、国家と宗教との結びつきを容易に許し、ひいては信教の自由の保障そのものをゆるがすこととなりかねない」と批判していたが、実際には、より深刻な問題があった。つまり、後述の愛媛玉串料訴訟で、最高裁の高橋裁判官と尾崎裁判官が的確に指摘したように、原則＝分離、例外＝かかわり合いを逆転させたものであったのである。

また、多数意見は、前提である「かかわり合い」が「相当とされる限度を超える」か否かは、「それぞれの国の社会的・文化的諸条件に照らし」て判断されるべきとするが、既述のように（本書の第三部第3章）、神社を「非宗教」とする論拠の一つはまさに「日本独自」の「社会的・文化的諸条件」であった。多数意見は、その判旨の最初のところですでに、本件の神社とのかかわり合いを、日本の社会的・文化的諸条件によって、「相当とされる限度」内として正当化しようとする論理を内在させていた。このことにまず注意しておく必要がある。

第二に、多数意見は、本件起工式について、「専門の宗教家である神職が、所定の服装で、神社神道固有の祭式に則り、一定の斎場を設け一定の祭具を使用して行ったというのであり、また、これを主宰した神職自身も宗教的信仰心に基づいてこれを執行したものと考えられるから、それが宗教とかかわり合いをもつものであることは、否定することができない」とする。が、またもや「しかしながら」と文章は続く。「一般に、建物等の建築の着工にあたり、工事の無事安全等を祈願する儀式を行うこと自体は、『祈る』という行為を含むものであるとしても、今日においては、もはや宗教的意義がほとんど認められなくなった建築上の儀礼と化し、その儀式が、たとえ既存の宗教において定められた方式をかりて行われる場合でも、それが長年月にわたって広く行われてきた方式の範囲を出ないものである限り、一般人の意識においては、起工式にさしたる宗教的意義を認めず、建築着工に際しての慣習化した社会的儀礼として、世俗的な行事と評価しているものと考えられる」。

ところが、上に対応する部分で、反対意見はこう論じていた。「本件起工式は、神職が主宰し神社神道固有の祭式に則って行われた儀式であって、それが宗教上の儀式であることは明らかである。もっとも、一般に起工式そのものは名称はともかくとして古くから行われてきており、時代の推移とともに多分に習俗的行事化している側面のあることは否定することができないが、本件起工式自体は、前記の事実に徴すれば、極めて宗教的色彩の濃いものというべきであって、これを非宗教的な習俗的行事ということはとうていできない」。

以上の多数意見と反対意見を比べてみると、地鎮祭の主宰が神職であることと神社神道固有の祭式に則った儀式であることに関しては共通しているにもかかわらず、結論は、多数意見＝「慣習化した社会的儀礼」、反対意見＝「極めて宗教的色彩の濃い」となっている。この分岐のポイントは、多数意見が「一般人の意識」を持ち出しているのに対し、反対意見が事実のみによって判断していることである。どちらがより客観的であったかは明らかである。

しかも、多数意見の「一般人の意識」は、本件控訴審判決での「一般人の意識」とは異なる。多数意見は「多数者」を想定しているようだが、控訴審判決は、少数者の観点を包含した一般人の意識＝普遍性という基準を設定していた。かりに一般人の意識を認めるとすれば、それは最低限、控訴審判決のように少数者の観点を包含した普遍性を意味するものでなければならない。多数意見での「多数者」基準は信教の自由の領域に最もなじまないものである。各個人の繊細な精神的領域は、多数決原理とはまさに正反対のところに位置している。さらに、多数意見は「主宰した神職自身も宗教的信心に基づいてこれを執行した」と認定しているにもかかわらず、地鎮祭を宗教的行事とせずに、「社会的儀礼」「世俗的行事」とみなすのは、神職個人の精神的領域をないがしろにし、その宗教的信仰心を社会的に歪曲するものとなっている。

多数意見におけるこの「一般人の意識」論は、実は、神社「非宗教」論と最も親和性を有するところである。

別に分析しているように、神社を「非宗教」とする論拠の一つである「国家的・国民的性質」論は、個人との関係では神社＝宗教を認めていながら、国家・国民との関係では神社＝「非宗教」を主張している。これからすると、少数者の各人や神職個人が地鎮祭を宗教的行事であると認識していても、それとは別に、多数意見のいう「一般人」が「社会的儀礼」「世俗的行事」とみなせば、地鎮祭は「非宗教」と解釈されることになるのである。ここにおいては、個人個人の信教の自由の原理的基盤が消失している。

また、「一般人の意識」での「慣習化した社会的儀礼」という論理は、靖国神社国家護持を正当化する「国民的習俗」論と筋立てに大きな違いはない。「国民的習俗」論は、こうである。「靖国神社」が「宗教的儀式を行うのは、神道教義をひろめ、神道の信者を獲得するためにやるのではなく、戦没者等の霊をなぐさめその遺徳をたたえるという国民大多数の報恩感謝の念の表明を、敬虔ならしめ、厳粛ならしめるに役立つ、創建以来の定着された慣行を踏襲しているに過ぎない。善良なる国民的習俗というべく、憲法が国または国の機関が行うことを禁ずるところの『宗教活動』とは縁の切れている別の問題と考える」（自民党憲法調査会「靖国神社に関する意見」1968年4月）。

地鎮祭を「一般人の意識」＝「慣習化した社会的儀礼」で正当化する多数意見の論理は、靖国神社国家護持を「創建以来の定着された慣行」「善良なる国民的習俗」で正当化する「国民的習俗」論と通底するものであり、現実に、地鎮祭最高裁判決がその後、既述のように、「靖国神社公式参拝」問題において大いに利用された。

第三に、多数意見は、日本人の宗教意識と神社神道の特性を考慮に入れてこう論じる。

「元来、わが国においては、多くの国民は、地域社会の一員としては神道を、個人としては仏教を信仰するなどし、冠婚葬祭に際しても異なる宗教を使いわけてさしたる矛盾を感ずることがないというような宗教意識の雑居性が認められ、国民一般の宗教的関心度は必ずしも高いものとはいいがたい。他方、神社神道自体については、祭祀儀礼に専念し、他の宗教にみられる積極的な布教・伝道のような対外活動がほとんど行われることがないという特色がみられる。このような事情と前記のような起工式に対する一般人の意識に徴すれば、建築工事現場において、たとえ専門の宗教家である神職により神社固有の祭祀儀礼に則って、起工式が行われたとしても、それが参列者及び一般人の宗教的関心を特に高めることとなるものとは考えられず、これにより神道を援助、助長、促進するような効果をもたらすことになるものとも認められない。そして、このことは、国家が主催して、私人と同様の立場で、本件のような儀式による起工式を行った場合においても、異なるものではなく、そのために、国家と神社神道との間に特別に密接な関係が生じ、ひいては、神道が再び国教的地位をえたり、あるいは信教の自由がおびやかされたりするような結果を招くものとは、とうてい考えられないのである」。

多数意見がこの文章の後半部分の結論を導き出すための根拠は、①日本人の宗教意識の雑居性、②神社神道が祭祀儀礼に専念して積極的な布教・伝道活動をほとんど行なわないこと、③一般人の意識、である。このうち、③の問題構造はすでに考察した。①と②をここで検討する。

①の宗教意識の雑居性についてはつとに指摘されてきたものであるが、その雑居性を日本人の宗教意識の特質であるとは言えるかもしれないが、雑居性のゆえに日本人の宗教的関心度が高くないという評価につなげることはできない。一神教的な宗教意識もあれば雑居的な宗教意識もある。これは宗教意識の高低とは関係がない。

より専門的には、宗教意識の雑居性は多神教性ないし汎神論性と関連がある。そして、実はこの日本人の多神教性ないし汎神論性が、神社「非宗教」論の立場から政教分離を緩和する論拠として援用されているのである。こうである。

「多神教的乃至汎神論的風土で、多数の宗教が平和的に共存し得る民俗的土壌が具わっている国においては、政教分離の原則はそれほど切実ではなく、むしろ厳正潔癖な一神教の社会においては、一つの宗派を認めることが必然的にすべての他の宗派の否定につながるから、政教分離の原則の徹底が要求されるのではなかろうか」(中山健男「日本国憲法における政教分離の原則」政教関係を正す会編・前掲書、81頁)。

だが、明治憲法下の神社「非宗教」論に基づく国家神道は、まさにここにいわれる「多神教的乃至汎神論的風土」の上に形成されたのである。換言すれば、国家神道はこの「風土」を利用することによって成り立っていたものである。そこでは、国民は、臣民として天皇崇拝を拒否しないかぎり、個人として仏教を信仰することもキリスト教を信仰することできた。宗教意識の雑居性(多神教性、汎神論性)のゆえに国家と神社神道との間に特別に密接な関係が生じないとする多数意見は、何よりも日本においては成り立たない。

②の神社神道が祭祀儀礼に専念して積極的な布教・伝道活動をほとんど行なわないという特性が、国家と神社神道との特別な結びつきの障害とはなり得ないことはすでに論じているので、ここでは詳論しないが、本件控訴審判決も述べていたように、「祭祀は、神社神道における中心的表現であり、神社神道において最も重要な意義をもつもの」で、「このことは全ての神道学者の力説するところ」

である。

むしろ、神社神道が祭祀中心であったからこそ、明治憲法下で国家と結びつき得たとも言える。この結果として、神社神道は自ら「積極的な布教・伝道活動」を行なう必要がなかった。この理由は、「明治、大正、昭和三代を通ずる神社神道史上未曽有の教勢隆昌には、政府それ自体を布教機関とする努力があったことを、唯一の原因として感謝しなければならぬ」（幡掛正浩「神学小論」神道文化会編・前掲書、544頁）ということである。まさに、「国家の手による布教」であったわけである。

第2節　愛媛玉串料訴訟の最高裁大法廷判決

（1）事実の概要

愛媛県は当時の県知事（白石春樹）の主導下で、1981年から86年にかけて、靖国神社の春秋の例大祭、みたま祭の際に、それぞれ玉串料（9回）、献灯料（4回）の名目で計7万6000円の公金を、また愛媛県護国神社の春秋の慰霊大祭の際に供物料の名目で9回、計9万円の公金を支出した。これらが、地方自治法242条の2第1項4号に基づく損害賠償代位請求住民訴訟の対象になったが、同様の公費支出は、白石（1971年知事就任）の前任知事時代の1958年から始められていた。実に30年近くの長きにわたっていたのである。

全国の県のうちでも、とりわけ愛媛県は、白石個人の政治的な信条ないし思惑もあって、政教分離原則に照らして特定の宗教団体への玉串料等の公費支出に慎重な対応を求める趣旨の文部省、自治省等の通達、回答を認識していたにもかかわらず支出を継続しており、この問題では突出していた。1987年、後任知事（伊賀貞雪）は私費に切り替えた。

本件では、知事等の損害賠償責任の有無等が争われたが、主たる争点は、公費支出が憲法20条3項「国及びその機関は、宗教教育その他いかなる宗教的活動もしてはならない」、同89条「公金その他の公の財産は、宗教上の組織若しくは団体の使用、便益若しくは維持のため、又は公の支配に属しない慈善、教育若しくは博愛の事業に対し、これを支出し、又はその利用に供してはならない」等の政教分離規定に照らして、許されない違法な行為・活動であるか否かであった。

第一審は、目的・効果基準に基づいて、本件支出は憲法20条3項の禁止する宗教的活動に当たるので、同89条について判断するまでもなく違法なものであると判示した（松山地判1989年3月17日、『判例時報』1305号、26頁）。他方、控訴審は、同じく目的・効果基準を用いながらも、本件支出を社会的儀礼の範囲内として合憲と判示した（高松高判1992年5月12日、『判例時報』1419号、38頁）。

最高裁大法廷は、1997年4月2日、本件支出は憲法20条3項の禁止する宗教的活動に当たるとともに、同89条の禁止する公金支出にも当たり、違法であると判示した。違憲の判断は、13対2で出された。

大西勝也、小野幹雄、大野正男、千種秀夫、根岸重治、河合伸一、遠藤光男、井嶋一友、福田博、藤井正雄の10人の裁判官が「多数意見」に加わり、さらに大野、福田の各裁判官が「補足意見」を執筆した。園部逸夫、高橋久子、尾崎行信の各裁判官はそれぞれ、違憲の結論のみ多数意見と同じくする「意見」を執筆した。三好達、可部恒雄の各裁判官はそれぞれ、「反対意見」を執筆した。

(2) 分析

(ア) 本件最高裁判決と目的・効果基準

目的・効果基準は、地鎮祭最高裁判決以来、政教分離関係の事件を処理する際の判断基準として、裁判所でこれまで一貫して維持されてきているものであり、玉串料最高裁判決（以下、玉串料判決と略す）もこの基準を冒頭で引用しているが、地鎮祭最高裁判決（以下、地鎮祭判決と略す）と異なって、その基準を厳格分離の方向で適用した。

玉串料判決での厳格適用の姿勢は、何よりも「一般人」の意識の評価に表れている。地鎮祭判決は、次のように述べていた。

地鎮祭（起工式）は、「専門の宗教家である神職が、所定の服装で、神社神道固有の祭式に則り、一定の祭場を設け一定の祭具を使用して」行なわれ、「神職自身も宗教的信仰心に基づいてこれを執行しており、「それが宗教とかかわり合いをもつものであることは、否定することができない」。しかし、「一般人の意識においては、起工式にさしたる宗教的意義を認めず、建築着工に際しての慣習化した社会的儀礼として、世俗的な行事と評価しているものと考えられる」。

他方、玉串料判決は、こう判示した。

「神社自体がその境内において挙行する恒例の重要な祭祀」に際しての玉串料等の奉納は、「奉納者においても、それが宗教的意義を有するものであるという意識を大なり小なり持たざるを得ない」し、また「県が他の宗教団体の挙行する同種の儀式に対して同様の支出をしたという事実がうかがわれないのであって、県が特定の宗教団体との間にのみ意識的に特別のかかわり合いを持ったことを否定することができない」。このことは、「一般人に対して、県が当該特定の宗教団体を特別に支援しており、それらの宗教団体が他の宗教団体とは異なる特別なものであるとの印象を与え、特定の宗教への関心を呼び起こすものといわざるを得ない」。靖国神社等での戦没者の慰霊を望む遺族等の「希望にこたえるという側面においては、本件の玉串料等の奉納に儀礼的な意味合いがあることも否定することもできない」が、しかし、明治維新以降の「種々の弊害」にかんがみて政教分離規定を設けるに至った経緯に照らせば、「たとえ相当数の者がそれを望んでいるとしても、そのことのゆえに、地方公共団体と特定の宗教とのかかわり合いが、相当とされる限度を超えないものとして憲法上許されることになるとはいえない」。また、たとえ玉串料等の奉納が戦没者慰霊と遺族慰謝を「直接の目的としてされたものであったとしても、世俗的目的で行われた社会的儀礼にすぎないものとして憲法に違反しないということはできない」。

玉串料は、地鎮祭と比して確かに宗教性の濃度は高いが、それでも地鎮祭判決の延長で、「一般人の意識」＝多数者性という図式のなかで、玉串料等の「儀礼的意味合い」に焦点を当てることによって、本件控訴審判決のように、合憲判決を強引に導き出すことも不可能ではなかった。だが、玉串料判決は、宗教的意義の側面に重点を置き、政教分離条項の制定の歴史的背景も考慮に入れて、たとえ「相当数の者」が希望しても、また戦没者慰霊等を直接の目的としても、本件は許されないとした。つまり、玉串料判決での「一般人」の位置づけは、地鎮祭判決のそれと異なっており、むしろ地鎮祭控訴審判決での〝少数者の観点〟を包含した「一般人の意識」＝普遍性という基準の延長線上にあると言える。

地鎮祭と玉串料の二つの判決の論旨の相違は、神社神道の祭祀の位置づけの仕方にもみられる。地鎮祭判決は、神社神道式の地鎮祭が一般人の宗教的関心を特に高めることにならない理由の一つとして、祭祀中心という神社神道の特色をあげていたが、玉串料判決はその特色を本件行為が宗教的意義をもつことの理由の一つとして提示している。このような二つの判決における論旨の組立の相違は、玉串料判決が目的・効果基準を厳格分離の方向で適用し、地鎮祭判決がその基準を緩和分離の方向で適用したことを背景としている。

玉串料判決には、目的・効果基準の適用のみでなく、基準内容の補正の面でもいくつかの進展がみられる。

第一に、判決は、「地方公共団体が特定の宗教団体に対してのみ本件のような形で特別のかかわり合いを持つことは、一般人に対して、県が当該特定の宗教団体を特別に支援しており、それらの宗教団体が他の宗教団体とは異なる特別のものであるとの印象を与え、特定の宗教への関心を呼び起こす」と論じているが、このなかの「特定の宗教への関心を呼び起こす」という要素は、前述の〝少数者の観点〟を包含した「一般人の意識」と結びつけて用いる場合は、積極的意義を有する。

第二に、玉串料判決は、「戦没者の慰霊及び遺族の慰謝ということ自体は、本件のように特定の宗教と特別のかかわり合いを持つ形でなくてもこれを行うことができる」としているが、この代替手段のアプローチそのものは客観的性質のものであり、基準の厳格的補正に資するところがある。

第三に、判決そのものではないが、大野補足意見は効果要件の判断において、「地方公共団体が靖国神社等による戦没者慰霊の祭祀にのみ賛助することは、その祭祀を他に比して優越的に選択し、その宗教的価値を重視していると一般社会からみられることは否定し難く、特定の宗教団体に重要な象徴的利益を与えるものといわざるを得ない」と述べているが、この優越的選択、象徴的利益という要素は、本件のように支出金額が比較的低額である場合には特に重要な意義を有している。

また、大野補足意見は、同じく効果要件との関連で、「公的機関が宗教にかかわりを持つ行為をすることによって、広く社会にこのような効果を及ぼすことは、公的機関を宗教的対立に巻き込むことになり、同時に宗教を世俗的対立に巻き込むことになるのであって、社会的儀礼や風俗として容認し得る範囲を超え、公的機関と宗教団体のいずれにとっても害をもたらすおそれを有するといわざるを得ない」と論じているが、この宗教的対立と世俗的対立への巻き込みの回避という要素は、公的領域と宗教的領域が厳格な分離を維持しながら、各領域でその特性を生かすことに有益な環境をもたらす。

目的・効果基準を今後も維持するとすれば、その厳格化のために、「過度のかかわり合い」(「相当とされる限度を超えるかかわり合い」）を、「目的」と「効果」に加えて、三番目の独立の要件とすることが望まれるが、必ずしも明確でないにしても玉串料判決にはそのようにも解され得る箇所がある。こうである。「その目的が宗教的意義を持つことを免れず、その効果が特定の宗教に対する援助、助長、促進になると認めるべきであり、これによってもたらされる県と靖国神社等とのかかわり合いが我が国の社会的・文化的諸条件に照らし相当とされる限度を超えるものであって、憲法20条3項の禁止する宗教的活動に当たると解するのが相当である」。

これは明示的ではないが、地鎮祭判決の「目的・効果」基準の内容と比して、文面としてはいくぶん三者並列的となっている。微妙に変化させたととれなくもない。もしそうだとすれば、この基準の今後の適用の仕方が注目される。なお、地鎮祭判決のなかにすでに三要件を読み込む見地もあるが（芦部信喜、伊藤正己など）、そうすることも全く不可能ということではないが、かなり苦しい。この点、本件玉串料判決は、いくぶん三要件を読み込みやすくなっている。

（イ）新基準の「かかわり合いの原則禁止」

目的・効果基準に内在する重大な問題を正面から鋭く指摘・批判して、新しい基準を提示したのは、高橋意見と尾崎意見である。これは、「かかわり合いの原則禁止」基準ともいえるものであり、内容的に、国家と宗教のあらゆるかかわり合いに対して違憲性の推定を働かせ、これをくつがえす立証責任を国側に課するものである。

高橋意見は、「政教分離原則は、国家と宗教との完全な分離、すなわち、国家は宗教の介入を受けず、また、宗教に介入すべきではないという国家の非宗教性を意味する」としたうえで、「完全な分離が不可能、不適当であることの理由が示されない限り、国が宗教とのかかわり合いを持つことは許されない」と明確かつ簡潔に述べている。

尾崎意見は、枠組を高橋意見と同じくしながら、より具体的にこう論じた。「政教分離規定」は、「国家と宗教との完全分離を原則とし、完全分離が不可能であり、かつ分離に固執すると不合理な結果を招く場合に限って、例外的に国家と宗教とのかかわり合いが憲法上許容されるとすべきである。よって、「国は、その施策を実施するための行為が宗教とのかかわり合いを持つものであるときには、まず禁じられた活動に当たるとしてこれを避け、宗教性のない代替手段が存しないかどうかを検討すべきである。そして、当該施策を他の手段でも実施することができるならば、国は、宗教的活動に当たると疑われる行為をすべきではない。しかし、宗教とのかかわり合いを持たない方法では、当該施策を実施することができず、これを放棄すると、社会生活上不合理な結果を生ずるときには、更に進んで、当該施策の目的や施策に含まれる法的価値、利益はいかなるものか、この価値はその行為を行うことにより信教の自由に及ぼす影響と比べて優越するものか、その程度はどれほどかなどを考慮しなければならない。施策を実施しない場合に他の重要な価値、特に憲法的価値の侵害が生ずることも、著しい社会的不合理の一場合である。こうした検証を経た上、国は、政教分離原則の除外例として特に許容するに値する高度な法的利益が明白に認められない限り、国は、疑義ある活動に関与すべきではない」。

この尾崎意見は、「かかわり合いの原則禁止」の基準の下で、宗教性のない代替手段の有無の検討、また例外を判断する際の手順として、法的価値・利益の実体的判断、比較的考慮、高度な法的利益の明白性の認定を提示しているが、これはさらなる精錬化の必要はあるにしても、原則と例外の区分を前提とし、厳格性、客観性、明確性の諸点で、目的・効果基準より優れている。今後、「かかわり合いの原則禁止」基準の精錬的適用の積み重ねが望まれるが、判例変更に対する逡巡が裁判所にあるとすれば、実践的には、最低限要求されるのは、目的・効果基準の厳格適用の維持を前提にしたうえで、その基準内容の十分な厳格的補正である。

芦部信喜も高橋意見と尾崎意見を高く評価し、こう評している。「私は津地鎮祭判決については少数意見の結論に賛成でしたから、それと同旨の尾崎・高橋意見も高く評価します。そして、今後、その線で憲法の厳格分離の考え方を生かしていく道筋を確かめたいと思っています」。「具体的には、高橋・尾崎意見の厳格分離の原則を前提において、大野補足意見的な道筋で目的効果基準を厳しく適用していくというアプローチもありうるのではないか」（芦部、前掲『宗教・人権・憲法学』105頁以下）。

（ウ）二人の反対意見の問題構造

〔三好反対意見〕

この反対意見は、本件にかかわった裁判官のうちで最も緩和分離主義である。むしろ融合主義ともいえる。三好は裁判長裁判官（長官）である。

三好反対意見は、靖国神社、護国神社が「宗教的施設」であることを前提にして、礼儀論、道徳的義務論、特定の宗教を超えた施設論を主張している。これは内容的に、地鎮祭判決の系譜というより、神社「非宗教」論の系譜のものであり、法律論というより政治論である。

戦前から今日までつながっている神社「非宗教」論の特質のいくつかを簡潔に示すと、神社は国家性、民族性を有しており、その尊崇は国民の義務であること、神社は国民道徳的施設であり一般宗教を超えた性質をもつこと、靖国神社は国家に殉じた戦没者を祭る施設であり内閣総理大臣をはじめとして公務員が国家を代表して慰霊、表敬のため、それに参拝することは宗教問題を超えた国民の心情の発露であること等である。

それでは、三好反対意見の内容はどうだったか。

「祖国や父母、妻子、同胞等を守るために一命を捧げた戦没者を追悼し、慰霊することは、遺族や戦友に限らず、国民一般としての当然の行為ということができる」。「国や地方公共団体、あるいはそれを代表する立場に立つ者としても、このような追悼、慰霊を行うことは、国民多数の感情にも合致し、追悼の心情にも沿うものであるのみならず、国家に殉じた戦没者を手厚く、末長く追悼、慰霊することは、国や地方公共団体、あるいはそれを代表する者としての当然の礼儀であり、道義の上からは義務ともいうべきものである」。「靖国神社や護国神社は、正に神道の宗教的施設であり、右各神社の側としては、お参りする者はすべて祭神を信仰の対象とする宗教的意識に基づき宗教的行為をしている者と受け取っているであろうことはいうまでもないところであるが、右に述べたような多くの国民の意識からすれば、右各神社は、戦没者を偲び、追悼し、慰霊する特別の施設、追悼、慰霊の中心的施設となっているといえるのであって、国民の多くからは、特定の宗教にかかる施設というよりも、特定の宗教を超えての、国に殉じた人々の御霊を象徴する施設として、あたかも御霊を象徴する標柱、碑、名碑などのように受け取られているといってもよいものと思われる」。

そうして、三好反対意見は、自身の論旨は内閣総理大臣その他の国務大臣の靖国神社公式参拝への地ならしをした「閣僚の靖国神社参拝問題に関する懇談会報告書」（1985年8月9日）と「概ね趣旨を同じくするものである」と自ら言う。まさに、最高裁裁判官版の神社「非宗教」論である。

また、三好反対意見は、「特定の宗教のみに深い信仰を持つ人々にも、本件のような問題につきある程度の寛容さが求められる」と説いているが、私的領域における諸宗教信仰者の間での相互寛容をいうのであれば一定の意義があるが、宗教と国との結びつきにまで寛容を求めるのは、「寛容」概念の悪用である。

さらに、少数者に対する多数者の寛容を語るのであればまだしも、三好反対意見では一方で、「多くの国民」「国民一般」という多数者が設定され、他方で、「特定の宗教のみに深い信仰を持つ人々」という少数者が念頭に置かれている。多数者に対する少数者の寛容を求めているわけである。尾崎意見が述べるように、「信教の自由は、本来、少数者のそれを保障するところに意義がある」という側面があり、三好反対意見は、この意義を全く没却した内容のものとなっている。

三好は退官後、あの「日本会議」の会長、名誉会長、靖国神社崇敬者総代となっている。さもありなん。

〔可部反対意見〕

この反対意見は、「社会的儀礼」論に重点を置き、比較的には地鎮祭判決の趣旨に近いが、その判決より一層緩和的である。

可部反対意見は、地鎮祭判決に依拠して、①「当該行為の行われる場所」、②「当該行為に対する一般人の宗教的評価」、③「当該行為者が当該行為を行うについての意図、目的及び宗教的意識の有無、程度」、④「当該行為の一般人に与える効果、影響」の四つの考慮要素をあげるが、このうち最も客観的要素である①の「当該行為の行われる場所」の判断において、可部反対意見は、「宗教上の祭祀である例大祭、みたま祭又は慰霊大祭が神社の境内において挙行されるのはあまりにも当然のこと」と述べて、場所の要素を切り捨てている。となれば、判断の重点が②以下の、より主観的な要素に移らざるを得ないし、実際に移っている。可部反対意見は、本件判決を「恣意的」と批判しているが、この批判は自分にはねかえるものとなっている。

可部反対意見は、②の要素との関連で、「神社の恒例の祭祀に際し、招かれて或いは求められて玉串料、献灯料、供物料等を捧げることは、神社の祭祀にかかわることであり、奉納先が神社であるところから、宗教にかかわるものであることは否定できず、またその必要もないが、それと慣習化した社会的儀礼としての側面を有することは、到底否定し難い」と言い、③の要素との関連で、「玉串料等の奉納は、靖国神社又は県護国神社の挙行する恒例の祭祀中でも重要な意義を有するものと位置付けられ、或いは最も盛大な規模で行われる祭に際し、神社あてに拠出されるものであるから、宗教にかかわり合いを持つものであることは当然で、玉串料等の奉納者においても、それが宗教的意義を有するものであるという意識を大なり小なり持たざるを得ないことは勿論であろう。問題は、その意識の程度である」が、「長年にわたって比較的低額のまま維持された玉串料等の奉納が慣習化した社会的儀礼としての側面を持つことは」、「社会生活の実際において到底否定し難い」と論じる。

すでに分かるように、可部反対意見は、本件行為が宗教とかかわり、宗教的意義を有していることを認めている。にもかかわらず、憲法判断において、「社会的儀礼」の側面を抜き出して、それのみに基づいて合憲と断定している。恣意的な操作である。

日本での政教分離は国家と宗教の分離を意味することは確たる定説であり、審査されるべき照射対象は、あくまでも「宗教的側面」である。社会的儀礼といっても、本来的に宗教的な行為が、特定の政治的な意図と目的でもって「社会的儀礼」化されることもあり、本件はまさにそのようなものであったし、より本質的には、神社「非宗教」論がそうである。可部反対意見に基づけば、いかに宗教性があっても、社会的儀礼化さえすれば、憲法的に容認されるということになりかねない。

また、可部反対意見は④との関係で、本件判決に対して、「専ら精神面における印象や可能性や象徴を主要な手がかりとして決せられてはならない。このように抽象的で内容的に具体的なつかみどころのない観念が指標とされるときは、違憲審査権の行使は恣意的とならざるを得ないからである」と批判しているが、それにとどまり、本件を④の要素との関連で、自己の見地から論証しているわけではない。そして、結論として「玉串料等の奉納行為が社会的儀礼としての側面を有することは到底否定し難い」ことを繰り返すのみである。一方的断定になっている。

可部反対意見は、憲法89条との関連でも、いくつかの論点を提示している。

まず、宗教関係学校への助成金の問題である。可部反対意見はこう言う。宗教関係学校への助成は、私学間での平等原則の要請によって説明されるが、「しかし、憲法解釈上の難問に遭遇したとき、安易に平等原則を引いて問題を一挙にクリアーしようとするのは、実は、憲法論議としての自殺行為にほかならないのではあるまいか」。「宗教関係学校法人への巨額の助成を許容しながら微細な玉串料等の支出を違憲として、何故、論者は矛盾を感じないのであろうか」。

宗教関係学校法人への助成は異なった性質の問題であり、比較の対象として妥当ではないが、この点はともかく、可部反対意見の論旨は、宗教関係学校法人への助成と玉串料の支出の両方とも違憲とするのでなく、宗教系学校への巨額の助成金を認めるならば微細な玉串料ぐらい大目にみろよということであるので、これは、異なった脈絡での「平等原則」による正当化である。この論法に基づけば、宗教（団体）への微細な公金支出はすべて合憲となりかねず、これは「憲法論議として自殺行為」ではないのか。

また、可部反対意見は、「我々の目の前に小さな悪の芽以上のものは存在しないのであろうか」と問い、その一例として、「宗教団体の所有する不動産やその収益と目すべきものにつき、これを課税の対象から外すことは、宗教団体に対し積極的に公金を支出するのと同様の意味を持つ」ことをあげ、「何故これらの点がまともに論ぜられることなく、かえって、細く長く絶えず続けられた本件玉串料等の支出の如きが、何故かくも大々的に論議されなければならないのであるか」と言う。

確かに、宗教法人法上の宗教団体に対する優遇税制は憲法上、重大な疑義がありながら、この問題はこれまで、各界で本格的にはほとんど論じられてこなかった。及び腰であったとも言える。しかし、この優遇税制の存在によって、本件行為を正当化することはできない。可部反対意見の言う「小さな悪の芽以上のもの」も、「細く長く絶えず続けられた本件玉串料等の支出」も、憲法に抵触すればば「摘み取る」ことが要求される。小さな悪か大きな悪かは関係ない。そうでなければ、憲法の規範力はそこから弱まり崩れていくことになろう。

以上の可部反対意見の論旨は一見、解釈論的装いを凝らされているが、しかし、神社「非宗教」論と親和性を有しているところがあることに注意しなければならない。

可部反対意見は、玉串料等が「宗教にかかわるものであることは否定できず、またその必要もないが、それが慣習化した社会的儀礼としての側面を有することは、到底否定し難い」と断じることにつながる文脈のなかで、こう述べている。

「靖国神社や県護国神社は、元来、戦没者の慰霊のための場所、施設である。戦後、占領政策の一環として宗教法人としての性格付けを与えられたが、そのために戦没者の慰霊のための場所、施設としての基本的性質が失われたわけではない。……祭神という言葉はいかめしいが、いわば神社神道固有の〝術語〟であり、神社に参詣する国民一般からすれば、今は亡きあの人この人であって、ゴッドではない」。

この見解は、実は決して目新しくはない。これと同旨のものは、靖国神社＝「非宗教」論を展開した自民党憲法調査会「靖国神社法案に関する意見」（１９６８年4月16日）のなかにすでに出ていた（第三部第4章第1節参照）。

可部反対意見は、既述のように、玉串料等の宗教的意義を認め、そのうえで、日本の「祭神」と西洋の「ゴッド」の相違を主張することによって、本件を憲法の枠外に押し出そうとしている。この論理は、上記の自民党憲法調査会と通底するものがある。さらに遡れば、明治憲法下の神社「非宗教」論の根拠の一つである「神ノ性質ニ於テモ外国ノ宗教概念ト全ク趣ヲ異ニセリ」（第56回帝国議会貴族院議事速記録第6号、１９２９年）にもつながる。

これらの論によれば、「日本」の憲法の信教の自由条項が規定の対象にしているのは、奇異なことに、「日本」の特質を有する宗教的観念、宗教的活動でなく、「西洋」の特質を有する宗教的観念、宗教的活動であるということになる。また、可部反対意見を含めて、実は、靖国神社およびその関連の観念、活動等の「宗教的意義」を否定しないことに、神社「非宗教」論の本質の一つが出ている。つまり、神社が名実ともに非宗教的存在であれば、あらためて神社「非宗教」論を唱える必要も価値もなく、神社が宗教的存在であるがゆえに、一定の政治的な意図と目的でもって神社「非宗教」論が主張されるのである。神社「非宗教」論は、神社が宗教的存在であることによってはじめて成立する論である。

可部反対意見は、本件判決を「徒に国家神道の影に怯えるものとの感を抱かざるを得ない」と論難しているが、本件判決は「怯える」というより「警鐘を与えている」と解すべきであろう。可部本人の論は、「国家神道の影」を引きずっている。

あとがき――主権者国民の責務

本書の第一部第1章第4節において、天皇家の憲法を尊重し擁護する義務について論じた。憲法99条をもう一度、みてみよう。「天皇又は摂政及び国務大臣、裁判官その他の公務員は、この憲法を尊重し擁護する義務を負ふ。」である。ここには、主権者たる「国民」は出てこない。これは、日本国憲法が、国民が主権者としてこの憲法を制定し、その憲法を「天皇又は摂政及び国務大臣、裁判官その他の公務員」に守らせるという民定憲法であることを示している。つまり、憲法は何よりも、第一義的には、「天皇又は摂政及び国務大臣、裁判官その他の公務員」を拘束するのである。

それでは、憲法99条は、国民とは何の関係もないのであろうか。そうではない。主権者として制定した憲法を、国民自身が尊重・擁護しなくてもよいということになれば、憲法の土台が崩壊する。通説は、憲法99条の名宛人に国民が出されていないのは、国民に憲法の尊重・擁護の義務があることを前提にしていることによるとしている。主権者国民が制定した憲法99条のなかに、自らの名を出していないのは、自然でもある。

これのみではない。上述のように、憲法は何よりも「天皇又は摂政及び国務大臣、裁判官その他の公務員」を拘束するのであるが、にもかかわらず、現実には、彼らが憲法を尊重・擁護しない場合がある。ここにおいて、彼らが憲法を尊重・擁護しない状況を国民が看過することは、憲法を制定した主権者としての責務を放棄することを意味する。憲法が尊重・擁護されない状況を克服しようとすることも、憲法を尊重・擁護する国民の義務に含まれる。これは、主権者としての義務である。ただし、この主権者国民の義務は、憲法上で明示されている「天皇又は摂政及び国務大臣、裁判官その他の公務員」の義務が法的義務であるのとは異なって、強制性はなく自主的性質のものである。これは、憲法12条で定められている、国民の自由・権利の保持責任と同じ性質のものである。

ところで、憲法前文は「日本国民は、正当に選挙された国会における代表者を通じて行動し」、「そもそも国政は、国民の厳粛な信託によるものであつて、その権威は国民に由来し、その権力は国民の代表者がこれを行使し、その福利は国民がこれを享受する。」と述べている。これは、日本国憲法が代表民主主義を原則としていること示している。

このことは、「国会は、国権の最高機関であつて、国の唯一の立法機関である。」(41条)、衆議院と参議院の「両議院は、全国民を代表する選挙された議員でこれを組織する。」(43条1項)、「内閣総理大臣は、国会議員の中から国会の議決で、これを指名する。」(67条1項前段)、「内閣総理大臣は、国務大臣を任命する。」(68条1項前段)等の諸規定に表れている。

しかし同時に、日本国憲法は直接民主主義を排除していない。これは、「最高裁判所の裁判官の任命は、その任命後初めて行はれる衆議院議員総選挙の際国民の審査に付し、その後十年を経過した後初めて行はれる衆議院議員総選挙の際更に審査に付し、その後も同様とする。」(79条2項)、「一の地方公共団体のみに適用される特別法は、法律の定めるところにより、その地方公共団体の住民の投票においてその過半数の同意を得なければ、国会は、これを制定することができない。」(95条)、「この憲法の改正は、各議院の総議員の三分の二以上の賛成で、国会が、これを発議し、国民に提案してその承認を経なければならない。この承認には、特別の国民投票又は国会の定める選挙の際行はれる投票において、その過半数の賛成を必要とする。」(96条1項)等の諸規定に表れている。

そして、何よりも、国民に向けられた「この憲法が国民に保障する自由及び権利は、国民の不断の努力によつて、これを保持しなければならない。」(12条前段)という規定は、重要である。先述の憲法前文では、「そもそも国政は、国民の厳粛な信託によるものであつて、その権威は国民に由来し、その権力は国民の代表者がこれを行使し、その福利は国民がこれを享受する。」となっているが、この「国民がこれを享受する」の文言は、受動的である。

しかし、憲法本文の12条は、これに止まっていない。権力を行使する国民の代表者(内閣を含む)に全幅の信頼を置いているのでなく、国民の代表者が国民の自由・権利を侵害する可能性を常に想定し、国民に対して、「国民の不断の努力によつて、これを保持しなければならない」という能動的な努力と保持の責任を定めている。自由・権利の上で眠る者は、その自由・権利を奪われる、というわけである。この憲法12条と先の憲法99条(憲法の尊重・擁護の義務)を合わせて解すると、責務すなわち「努力と保持の責任」および「尊重と擁護の義務」を放棄して憲法の上で眠る国民は、その憲法を奪われるということになる。

フランスの思想家のJ・J・ルソーは、1762年、『社会契約論』を著したが、そのなかで、「ひとたびだれかが国事について、『おれの知ったことか』と言い出したら、国家の命運はもはや尽きたものと観念すべきである」と論じ、こうも述べる。「イギリス人民は自由だと自分では考えているが、それはとんでもない誤解である。彼らが自由なのも、議会の構成員を選挙する期間中だけのことで、選挙が終わってしまえばたちまち奴隷の身となり、なきに等しい存在となるのである」(『世界の名著36』井上幸治訳、中央公論社、1978年、312頁)。

ルソーのこの論は、代表民主主義の病理を分析しているところで示されているが、代表民主主義を原則としている日本においても、その病理が出ているのは否定できない。こうした病理を克服するのに、日本国憲法下においては、憲法自身が前提(憲法99条)し、規定(同12条)している国民による憲法の尊重と擁護の義務および努力と保持の責任は、極めて重要である。

この趣旨は、本書の主題である、権力による「天皇と神道の政治利用」の問題に対して、そのまま適用できる。国会議員(直接代表)の多数派と内閣(間接代表)が、天皇と神道の政治利用の起点への更なる回帰を目論んでいる政治状況のなかで、憲法12条と99条の意義と重みが注視されなければならない。

資料

（1）日本国憲法
（2）大日本帝国憲法（明治憲法）
（3）教育ニ関スル勅語
（4）旧皇室典範
（5）改正皇室典範
（6）旧教育基本法
（7）改正教育基本法
（8）天皇の退位等に関する皇室典範特例法

（1）日本国憲法

1946（昭和21）年11月3日公布
1947（昭和22）年5月3日施行

前文

日本国民は、正当に選挙された国会における代表者を通じて行動し、われらとわれらの子孫のために、諸国民との協和による成果と、わが国全土にわたつて自由のもたらす恵沢を確保し、政府の行為によつて再び戦争の惨禍が起ることのないやうにすることを決意し、ここに主権が国民に存することを宣言し、この憲法を確定する。そもそも国政は、国民の厳粛な信託によるものであつて、その権威は国民に由来し、その権力は国民の代表者がこれを行使し、その福利は国民がこれを享受する。これは人類普遍の原理であり、この憲法は、かかる原理に基くものである。われらは、これに反する一切の憲法、法令及び詔勅を排除する。

日本国民は、恒久の平和を念願し、人間相互の関係を支配する崇高な理想を深く自覚するのであつて、平和を愛する諸国民の公正と信義に信頼して、われらの安全と生存を保持しようと決意した。われらは、平和を維持し、専制と隷従、圧迫と偏狭を地上から永遠に除去しようと努めてゐる国際社会において、名誉ある地位を占めたいと思ふ。われらは、全世界の国民が、ひとしく恐怖と欠乏から免かれ、平和のうちに生存する権利を有することを確認する。

われらは、いづれの国家も、自国のことのみに専念して他国を無視してはならないのであつて、政治道徳の法則は、普遍的なものであり、この法則に従ふことは、自国の主権を維持し、他国と対等関係に立たうとする各国の責務であると信ずる。

日本国民は、国家の名誉にかけ、全力をあげてこの崇高な理想と目的を達成することを誓ふ。

第1章　天皇

第1条　天皇は、日本国の象徴であり日本国民統合の象徴であつて、この地位は、主権の存する日本国民の総意に基く。

第2条　皇位は、世襲のものであつて、国会の議決した皇室典範の定めるところにより、これを継承する。

第3条　天皇の国事に関するすべての行為には、内閣の助言と承認を必要とし、内閣が、その責任を負ふ。
第4条　天皇は、この憲法の定める国事に関する行為のみを行ひ、国政に関する権能を有しない。
2　天皇は、法律の定めるところにより、その国事に関する行為を委任することができる。
第5条　皇室典範の定めるところにより摂政を置くときは、摂政は、天皇の名でその国事に関する行為を行ふ。この場合には、前条第一項の規定を準用する。
第6条　天皇は、国会の指名に基いて、内閣総理大臣を任命する。
2　天皇は、内閣の指名に基いて、最高裁判所の長たる裁判官を任命する。
第7条　天皇は、内閣の助言と承認により、国民のために、左の国事に関する行為を行ふ。
一　憲法改正、法律、政令及び条約を公布すること。
二　国会を召集すること。
三　衆議院を解散すること。
四　国会議員の総選挙の施行を公示すること。
五　国務大臣及び法律の定めるその他の官吏の任免並びに全権委任状及び大使及び公使の信任状を認証すること。
六　大赦、特赦、減刑、刑の執行の免除及び復権を認証すること。
七　栄典を授与すること。
八　批准書及び法律の定めるその他の外交文書を認証すること。
九　外国の大使及び公使を接受すること。
十　儀式を行ふこと。
第8条　皇室に財産を譲り渡し、又は皇室が、財産を譲り受け、若しくは賜与することは、国会の議決に基かなければならない。

第2章　戦争の放棄

第9条　日本国民は、正義と秩序を基調とする国際平和を誠実に希求し、国権の発動たる戦争と、武力による威嚇又は武力の行使は、国際紛争を解決する手段としては、永久にこれを放棄する。
2　前項の目的を達するため、陸海空軍その他の戦力は、これを保持しない。国の交戦権は、これを認めない。

第3章　国民の権利及び義務

第10条　日本国民たる要件は、法律でこれを定める。
第11条　国民は、すべての基本的人権の享有を妨げられない。この憲法が国民に保障する基本的人権は、侵すことのできない永久の権利として、現在及び将来の国民に与へられる。
第12条　この憲法が国民に保障する自由及び権利は、国民の不断の努力によつて、これを保持しなければならない。又、国民は、これを濫用してはならないのであつて、常に公共の福祉のためにこれを利用する責任を負ふ。
第13条　すべて国民は、個人として尊重される。生命、自由及び幸福追求に対する国民の権利については、公共の福祉に反しない限り、立法その他の国政の上で、最大の尊重を必要とする。
第14条　すべて国民は、法の下に平等であつて、人種、信条、性別、社会的身分又は門地により、政治的、経済的又は社会的関係において、差別されない。
2　華族その他の貴族の制度は、これを認めない。
3　栄誉、勲章その他の栄典の授与は、いかなる特権も伴はない。栄典の授与は、現にこれを有し、又は将来これを受ける者の一代に限り、その効力を有する。
第15条　公務員を選定し、及びこれを罷免することは、国民固有の権利である。
2　すべて公務員は、全体の奉仕者であつて、一部の奉仕者ではない。
3　公務員の選挙については、成年者による普通選挙を保障する。
4　すべて選挙における投票の秘密は、これを侵してはならない。選挙人は、その選択に関し公的にも私的にも責任を問はれない。
第16条　何人も、損害の救済、公務員の罷免、法律、命令又は規則の制定、廃止又は改正その他の事項に関し、平穏に請願する権利を有し、何人も、かかる請願をしたためにいかなる差別待遇も受けない。
第17条　何人も、公務員の不法行為により、損害を受けたときは、法律の定めるところにより、国又は公共団体に、その賠償を求めることができる。
第18条　何人も、いかなる奴隷的拘束も受けない。又、犯罪に因る処罰の場合を除いては、その意に反する苦役に服させられない。
第19条　思想及び良心の自由は、これを侵してはならない。

第20条　信教の自由は、何人に対してもこれを保障する。いかなる宗教団体も、国から特権を受け、又は政治上の権力を行使してはならない。
2　何人も、宗教上の行為、祝典、儀式又は行事に参加することを強制されない。
3　国及びその機関は、宗教教育その他いかなる宗教的活動もしてはならない。
第21条　集会、結社及び言論、出版その他一切の表現の自由は、これを保障する。
2　検閲は、これをしてはならない。通信の秘密は、これを侵してはならない。
第22条　何人も、公共の福祉に反しない限り、居住、移転及び職業選択の自由を有する。
2　何人も、外国に移住し、又は国籍を離脱する自由を侵されない。
第23条　学問の自由は、これを保障する。
第24条　婚姻は、両性の合意のみに基いて成立し、夫婦が同等の権利を有することを基本として、相互の協力により、維持されなければならない。
2　配偶者の選択、財産権、相続、住居の選定、離婚並びに婚姻及び家族に関するその他の事項に関しては、法律は、個人の尊厳と両性の本質的平等に立脚して、制定されなければならない。
第25条　すべて国民は、健康で文化的な最低限度の生活を営む権利を有する。
2　国は、すべての生活部面について、社会福祉、社会保障及び公衆衛生の向上及び増進に努めなければならない。
第26条　すべて国民は、法律の定めるところにより、その能力に応じて、ひとしく教育を受ける権利を有する。
2　すべて国民は、法律の定めるところにより、その保護する子女に普通教育を受けさせる義務を負ふ。義務教育は、これを無償とする。
第27条　すべて国民は、勤労の権利を有し、義務を負ふ。
2　賃金、就業時間、休息その他の勤労条件に関する基準は、法律でこれを定める。
3　児童は、これを酷使してはならない。
第28条　勤労者の団結する権利及び団体交渉その他の団体行動をする権利は、これを保障する。
第29条　財産権は、これを侵してはならない。
2　財産権の内容は、公共の福祉に適合するやうに、法律でこれを定める。
3　私有財産は、正当な補償の下に、これを公共のために用ひることができる。
第30条　国民は、法律の定めるところにより、納税の義務を負ふ。
第31条　何人も、法律の定める手続によらなければ、その生命若しくは自由を奪はれ、又はその他の刑罰を科せられない。
第32条　何人も、裁判所において裁判を受ける権利を奪はれない。
第33条　何人も、現行犯として逮捕される場合を除いては、権限を有する司法官憲が発し、且つ理由となつてゐる犯罪を明示する令状によらなければ、逮捕されない。
第34条　何人も、理由を直ちに告げられ、且つ、直ちに弁護人に依頼する権利を与へられなければ、抑留又は拘禁されない。又、何人も、正当な理由がなければ、拘禁されず、要求があれば、その理由は、直ちに本人及びその弁護人の出席する公開の法廷で示されなければならない。
第35条　何人も、その住居、書類及び所持品について、侵入、捜索及び押収を受けることのない権利は、第33条の場合を除いては、正当な理由に基いて発せられ、且つ捜索する場所及び押収する物を明示する令状がなければ、侵されない。
2　捜索又は押収は、権限を有する司法官憲が発する各別の令状により、これを行ふ。
第36条　公務員による拷問及び残虐な刑罰は、絶対にこれを禁ずる。
第37条　すべて刑事事件においては、被告人は、公平な裁判所の迅速な公開裁判を受ける権利を有する。
2　刑事被告人は、すべての証人に対して審問する機会を充分に与へられ、又、公費で自己のために強制的手続により証人を求める権利を有する。
3　刑事被告人は、いかなる場合にも、資格を有する弁護人を依頼することができる。被告人が自らこれを依頼することができないときは、国でこれを附する。
第38条　何人も、自己に不利益な供述を強要されない。
2　強制、拷問若しくは脅迫による自白又は不当に長く抑留若しくは拘禁された後の自白は、これを証拠とすることができない。
3　何人も、自己に不利益な唯一の証拠が本人の自白である場合には、有罪とされ、又は刑罰を科せられない。

第39条　何人も、実行の時に適法であつた行為又は既に無罪とされた行為については、刑事上の責任を問はれない。又、同一の犯罪について、重ねて刑事上の責任を問はれない。

第40条　何人も、抑留又は拘禁された後、無罪の裁判を受けたときは、法律の定めるところにより、国にその補償を求めることができる。

第4章　国会

第41条　国会は、国権の最高機関であつて、国の唯一の立法機関である。

第42条　国会は、衆議院及び参議院の両議院でこれを構成する。

第43条　両議院は、全国民を代表する選挙された議員でこれを組織する。

2　両議院の議員の定数は、法律でこれを定める。

第44条　両議院の議員及びその選挙人の資格は、法律でこれを定める。但し、人種、信条、性別、社会的身分、門地、教育、財産又は収入によつて差別してはならない。

第45条　衆議院議員の任期は、四年とする。但し、衆議院解散の場合には、その期間満了前に終了する。

第46条　参議院議員の任期は、六年とし、三年ごとに議員の半数を改選する。

第47条　選挙区、投票の方法その他両議院の議員の選挙に関する事項は、法律でこれを定める。

第48条　何人も、同時に両議院の議員たることはできない。

第49条　両議院の議員は、法律の定めるところにより、国庫から相当額の歳費を受ける。

第50条　両議院の議員は、法律の定める場合を除いては、国会の会期中逮捕されず、会期前に逮捕された議員は、その議院の要求があれば、会期中これを釈放しなければならない。

第51条　両議院の議員は、議院で行つた演説、討論又は表決について、院外で責任を問はれない。

第52条　国会の常会は、毎年一回これを召集する。

第53条　内閣は、国会の臨時会の召集を決定することができる。いづれかの議院の総議員の四分の一以上の要求があれば、内閣は、その召集を決定しなければならない。

第54条　衆議院が解散されたときは、解散の日から四十日以内に、衆議院議員の総選挙を行ひ、その選挙の日から三十日以内に、国会を召集しなければならない。

2 衆議院が解散されたときは、参議院は、同時に閉会となる。但し、内閣は、国に緊急の必要があるときは、参議院の緊急集会を求めることができる。

3 前項但書の緊急集会において採られた措置は、臨時のものであつて、次の国会開会の後十日以内に、衆議院の同意がない場合には、その効力を失ふ。

第55条 両議院は、各々その議員の資格に関する争訟を裁判する。但し、議員の議席を失はせるには、出席議員の三分の二以上の多数による議決を必要とする。

第56条 両議院は、各々その総議員の三分の一以上の出席がなければ、議事を開き議決することができない。

2 両議院の議事は、この憲法に特別の定のある場合を除いては、出席議員の過半数でこれを決し、可否同数のときは、議長の決するところによる。

第57条 両議院の会議は、公開とする。但し、出席議員の三分の二以上の多数で議決したときは、秘密会を開くことができる。

2 両議院は、各々その会議の記録を保存し、秘密会の記録の中で特に秘密を要すると認められるもの以外は、これを公表し、且つ一般に頒布しなければならない。

3 出席議員の五分の一以上の要求があれば、各議員の表決は、これを会議録に記載しなければならない。

第58条 両議院は、各々その議長その他の役員を選任する。

2 両議院は、各々その会議その他の手続及び内部の規律に関する規則を定め、又、院内の秩序をみだした議員を懲罰することができる。但し、議員を除名するには、出席議員の三分の二以上の多数による議決を必要とする。

第59条 法律案は、この憲法に特別の定のある場合を除いては、両議院で可決したとき法律となる。

2 衆議院で可決し、参議院でこれと異なつた議決をした法律案は、衆議院で出席議員の三分の二以上の多数で再び可決したときは、法律となる。

3 前項の規定は、法律の定めるところにより、衆議院が、両議院の協議会を開くことを求めることを妨げない。

4 参議院が、衆議院の可決した法律案を受け取つた後、国会休会中の期間を除いて六十日以内に、議決しないときは、衆議院は、参議院がその法律案を否決したものとみなすことができる。

第60条　予算は、さきに衆議院に提出しなければならない。
2　予算について、参議院で衆議院と異なつた議決をした場合に、法律の定めるところにより、両議院の協議会を開いても意見が一致しないとき、又は参議院が、衆議院の可決した予算を受け取つた後、国会休会中の期間を除いて三十日以内に、議決しないときは、衆議院の議決を国会の議決とする。
第61条　条約の締結に必要な国会の承認については、前条第二項の規定を準用する。
第62条　両議院は、各々国政に関する調査を行ひ、これに関して、証人の出頭及び証言並びに記録の提出を要求することができる。
第63条　内閣総理大臣その他の国務大臣は、両議院の一に議席を有すると有しないとにかかはらず、何時でも議案について発言するため議院に出席することができる。又、答弁又は説明のため出席を求められたときは、出席しなければならない。
第64条　国会は、罷免の訴追を受けた裁判官を裁判するため、両議院の議員で組織する弾劾裁判所を設ける。
2　弾劾に関する事項は、法律でこれを定める。

第5章　内閣

第65条　行政権は、内閣に属する。
第66条　内閣は、法律の定めるところにより、その首長たる内閣総理大臣及びその他の国務大臣でこれを組織する。
2　内閣総理大臣その他の国務大臣は、文民でなければならない。
3　内閣は、行政権の行使について、国会に対し連帯して責任を負ふ。
第67条　内閣総理大臣は、国会議員の中から国会の議決で、これを指名する。この指名は、他のすべての案件に先だつて、これを行ふ。
2　衆議院と参議院とが異なつた指名の議決をした場合に、法律の定めるところにより、両議院の協議会を開いても意見が一致しないとき、又は衆議院が指名の議決をした後、国会休会中の期間を除いて十日以内に、参議院が、指名の議決をしないときは、衆議院の議決を国会の議決とする。
第68条　内閣総理大臣は、国務大臣を任命する。但し、その過半数は、国会議員の中から選ばれなければならない。
2　内閣総理大臣は、任意に国務大臣を罷免することができる。

第69条　内閣は、衆議院で不信任の決議案を可決し、又は信任の決議案を否決したときは、十日以内に衆議院が解散されない限り、総辞職をしなければならない。
第70条　内閣総理大臣が欠けたとき、又は衆議院議員総選挙の後に初めて国会の召集があつたときは、内閣は、総辞職をしなければならない。
第71条　前二条の場合には、内閣は、あらたに内閣総理大臣が任命されるまで引き続きその職務を行ふ。
第72条　内閣総理大臣は、内閣を代表して議案を国会に提出し、一般国務及び外交関係について国会に報告し、並びに行政各部を指揮監督する。
第73条　内閣は、他の一般行政事務の外、左の事務を行ふ。
一　法律を誠実に執行し、国務を総理すること。
二　外交関係を処理すること。
三　条約を締結すること。但し、事前に、時宜によつては事後に、国会の承認を経ることを必要とする。
四　法律の定める基準に従ひ、官吏に関する事務を掌理すること。
五　予算を作成して国会に提出すること。
六　この憲法及び法律の規定を実施するために、政令を制定すること。但し、政令には、特にその法律の委任がある場合を除いては、罰則を設けることができない。
七　大赦、特赦、減刑、刑の執行の免除及び復権を決定すること。
第74条　法律及び政令には、すべて主任の国務大臣が署名し、内閣総理大臣が連署することを必要とする。
第75条　国務大臣は、その在任中、内閣総理大臣の同意がなければ、訴追されない。但し、これがため、訴追の権利は、害されない。

第6章　司法

第76条　すべて司法権は、最高裁判所及び法律の定めるところにより設置する下級裁判所に属する。
2　特別裁判所は、これを設置することができない。行政機関は、終審として裁判を行ふことができない。
3　すべて裁判官は、その良心に従ひ独立してその職権を行ひ、この憲法及び法律にのみ拘束される。
第77条　最高裁判所は、訴訟に関する手続、弁護士、裁判所の内部規律及び司法事務処理に関する事項について、規則を定める権限を有する。

2　検察官は、最高裁判所の定める規則に従はなければならない。

3　最高裁判所は、下級裁判所に関する規則を定める権限を、下級裁判所に委任することができる。

第78条　裁判官は、裁判により、心身の故障のために職務を執ることができないと決定された場合を除いては、公の弾劾によらなければ罷免されない。裁判官の懲戒処分は、行政機関がこれを行ふことはできない。

第79条　最高裁判所は、その長たる裁判官及び法律の定める員数のその他の裁判官でこれを構成し、その長たる裁判官以外の裁判官は、内閣でこれを任命する。

2　最高裁判所の裁判官の任命は、その任命後初めて行はれる衆議院議員総選挙の際国民の審査に付し、その後十年を経過した後初めて行はれる衆議院議員総選挙の際更に審査に付し、その後も同様とする。

3　前項の場合において、投票者の多数が裁判官の罷免を可とするときは、その裁判官は、罷免される。

4　審査に関する事項は、法律でこれを定める。

5　最高裁判所の裁判官は、法律の定める年齢に達した時に退官する。

6　最高裁判所の裁判官は、すべて定期に相当額の報酬を受ける。この報酬は、在任中、これを減額することができない。

第80条　下級裁判所の裁判官は、最高裁判所の指名した者の名簿によつて、内閣でこれを任命する。その裁判官は、任期を十年とし、再任されることができる。但し、法律の定める年齢に達した時には退官する。

2　下級裁判所の裁判官は、すべて定期に相当額の報酬を受ける。この報酬は、在任中、これを減額することができない。

第81条　最高裁判所は、一切の法律、命令、規則又は処分が憲法に適合するかしないかを決定する権限を有する終審裁判所である。

第82条　裁判の対審及び判決は、公開法廷でこれを行ふ。

2　裁判所が、裁判官の全員一致で、公の秩序又は善良の風俗を害する虞があると決した場合には、対審は、公開しないでこれを行ふことができる。但し、政治犯罪、出版に関する犯罪又はこの憲法第三章で保障する国民の権利が問題となつてゐる事件の対審は、常にこれを公開しなければならない。

第7章　財政

第83条　国の財政を処理する権限は、国会の議決に基いて、これを行使しなければならない。
第84条　あらたに租税を課し、又は現行の租税を変更するには、法律又は法律の定める条件によることを必要とする。
第85条　国費を支出し、又は国が債務を負担するには、国会の議決に基くことを必要とする。
第86条　内閣は、毎会計年度の予算を作成し、国会に提出して、その審議を受け議決を経なければならない。
第87条　予見し難い予算の不足に充てるため、国会の議決に基いて予備費を設け、内閣の責任でこれを支出することができる。
2　すべて予備費の支出については、内閣は、事後に国会の承諾を得なければならない。
第88条　すべて皇室財産は、国に属する。すべて皇室の費用は、予算に計上して国会の議決を経なければならない。
第89条　公金その他の公の財産は、宗教上の組織若しくは団体の使用、便益若しくは維持のため、又は公の支配に属しない慈善、教育若しくは博愛の事業に対し、これを支出し、又はその利用に供してはならない。
第90条　国の収入支出の決算は、すべて毎年会計検査院がこれを検査し、内閣は、次の年度に、その検査報告とともに、これを国会に提出しなければならない。
2　会計検査院の組織及び権限は、法律でこれを定める。
第91条　内閣は、国会及び国民に対し、定期に、少くとも毎年一回、国の財政状況について報告しなければならない。

第8章　地方自治

第92条　地方公共団体の組織及び運営に関する事項は、地方自治の本旨に基いて、法律でこれを定める。
第93条　地方公共団体には、法律の定めるところにより、その議事機関として議会を設置する。
2　地方公共団体の長、その議会の議員及び法律の定めるその他の吏員は、その地方公共団体の住民が、直接これを選挙する。
第94条　地方公共団体は、その財産を管理し、事務を処理し、及び行政を執行する権能を有し、法律の範囲内で条例を制定することができる。
第95条　一の地方公共団体のみに適用される特別法は、法律の定めるところにより、その地方公共団体の住民の投票においてその過半数の同意を得なければ、国会は、これを制定することができない。

第9章　改正

第96条　この憲法の改正は、各議院の総議員の三分の二以上の賛成で、国会が、これを発議し、国民に提案してその承認を経なければならない。この承認には、特別の国民投票又は国会の定める選挙の際行はれる投票において、その過半数の賛成を必要とする。

2　憲法改正について前項の承認を経たときは、天皇は、国民の名で、この憲法と一体を成すものとして、直ちにこれを公布する。

第10章　最高法規

第97条　この憲法が日本国民に保障する基本的人権は、人類の多年にわたる自由獲得の努力の成果であつて、これらの権利は、過去幾多の試錬に堪へ、現在及び将来の国民に対し、侵すことのできない永久の権利として信託されたものである。

第98条　この憲法は、国の最高法規であつて、その条規に反する法律、命令、詔勅及び国務に関するその他の行為の全部又は一部は、その効力を有しない。

2　日本国が締結した条約及び確立された国際法規は、これを誠実に遵守することを必要とする。

第99条　天皇又は摂政及び国務大臣、国会議員、裁判官その他の公務員は、この憲法を尊重し擁護する義務を負ふ。

第11章　補則

第１００条　この憲法は、公布の日から起算して六箇月を経過した日から、これを施行する。

2　この憲法を施行するために必要な法律の制定、参議院議員の選挙及び国会召集の手続並びにこの憲法を施行するために必要な準備手続は、前項の期日よりも前に、これを行ふことができる。

第１０１条　この憲法施行の際、参議院がまだ成立してゐないときは、その成立するまでの間、衆議院は、国会としての権限を行ふ。

第１０２条　この憲法による第一期の参議院議員のうち、その半数の者の任期は、これを三年とする。その議員は、法律の定めるところにより、これを定める。

第103条　この憲法施行の際現に在職する国務大臣、衆議院議員及び裁判官並びにその他の公務員で、その地位に相応する地位がこの憲法で認められてゐる者は、法律で特別の定をした場合を除いては、この憲法施行のため、当然にはその地位を失ふことはない。但し、この憲法によつて、後任者が選挙又は任命されたときは、当然その地位を失ふ。

(2) 大日本帝国憲法

1889（明治22）年2月11日発布
1890（明治23）年11月29日施行

第1章　天皇

第1条　大日本帝国ハ万世一系ノ天皇之ヲ統治ス
第2条　皇位ハ皇室典範ノ定ムル所ニ依リ皇男子孫之ヲ継承ス
第3条　天皇ハ神聖ニシテ侵スヘカラス
第4条　天皇ハ国ノ元首ニシテ統治権ヲ総攬シ此ノ憲法ノ条規ニ依リ之ヲ行フ
第5条　天皇ハ帝国議会ノ協賛ヲ以テ立法権ヲ行フ
第6条　天皇ハ法律ヲ裁可シ其ノ公布及執行ヲ命ス
第7条　天皇ハ帝国議会ヲ召集シ其ノ開会閉会停会及衆議院ノ解散ヲ命ス
第8条　天皇ハ公共ノ安全ヲ保持シ又ハ其ノ災厄ヲ避クル為緊急ノ必要ニ由リ帝国議会閉会ノ場合ニ於テ法律ニ代ルヘキ勅令ヲ発ス
2　此ノ勅令ハ次ノ会期ニ於テ帝国議会ニ提出スヘシ若議

会ニ於テ承諾セサルトキハ政府ハ将来ニ向テ其ノ効力ヲ失フコトヲ公布スヘシ
第9条　天皇ハ法律ヲ執行スル為ニ又ハ公共ノ安寧秩序ヲ保持シ及臣民ノ幸福ヲ増進スル為ニ必要ナル命令ヲ発シ又ハ発セシム但シ命令ヲ以テ法律ヲ変更スルコトヲ得ス
第10条　天皇ハ行政各部ノ官制及文武官ノ俸給ヲ定メ及文武官ヲ任免ス但シ此ノ憲法又ハ他ノ法律ニ特例ヲ掲ケタルモノハ各々其ノ条項ニ依ル
第11条　天皇ハ陸海軍ヲ統帥ス
第12条　天皇ハ陸海軍ノ編制及常備兵額ヲ定ム
第13条　天皇ハ戦ヲ宣シ和ヲ講シ及諸般ノ条約ヲ締結ス
第14条　天皇ハ戒厳ヲ宣告ス
2　戒厳ノ要件及効力ハ法律ヲ以テ之ヲ定ム
第15条　天皇ハ爵位勲章及其ノ他ノ栄典ヲ授与ス
第16条　天皇ハ大赦特赦減刑及復権ヲ命ス
第17条　摂政ヲ置クハ皇室典範ノ定ムル所ニ依ル
2　摂政ハ天皇ノ名ニ於テ大権ヲ行フ

第2章　臣民権利義務

第18条　日本臣民タル要件ハ法律ノ定ムル所ニ依ル
第19条　日本臣民ハ法律命令ノ定ムル所ノ資格ニ応シ均ク文武官ニ任セラレ及其ノ他ノ公務ニ就クコトヲ得
第20条　日本臣民ハ法律ノ定ムル所ニ従ヒ兵役ノ義務ヲ有ス
第21条　日本臣民ハ法律ノ定ムル所ニ従ヒ納税ノ義務ヲ有ス
第22条　日本臣民ハ法律ノ範囲内ニ於テ居住及移転ノ自由ヲ有ス
第23条　日本臣民ハ法律ニ依ルニ非スシテ逮捕監禁審問処罰ヲ受クルコトナシ
第24条　日本臣民ハ法律ニ定メタル裁判官ノ裁判ヲ受クルノ権ヲ奪ハルヽコトナシ
第25条　日本臣民ハ法律ニ定メタル場合ヲ除ク外其ノ許諾ナクシテ住所ニ侵入セラレ及捜索セラルヽコトナシ
第26条　日本臣民ハ法律ニ定メタル場合ヲ除ク外信書ノ秘密ヲ侵サルヽコトナシ
第27条　日本臣民ハ其ノ所有権ヲ侵サルヽコトナシ
2　公益ノ為必要ナル処分ハ法律ノ定ムル所ニ依ル
第28条　日本臣民ハ安寧秩序ヲ妨ケス及臣民タルノ義務ニ背カサル限ニ於テ信教ノ自由ヲ有ス

第29条　日本臣民ハ法律ノ範囲内ニ於テ言論著作印行集会及結社ノ自由ヲ有ス
第30条　日本臣民ハ相当ノ敬礼ヲ守リ別ニ定ムル所ノ規程ニ従ヒ請願ヲ為スコトヲ得
第31条　本章ニ掲ケタル条規ハ戦時又ハ国家事変ノ場合ニ於テ天皇大権ノ施行ヲ妨クルコトナシ
第32条　本章ニ掲ケタル条規ハ陸海軍ノ法令又ハ紀律ニ牴触セサルモノニ限リ軍人ニ準行ス

第3章　帝国議会

第33条　帝国議会ハ貴族院衆議院ノ両院ヲ以テ成立ス
第34条　貴族院ハ貴族院令ノ定ムル所ニ依リ皇族華族及勅任セラレタル議員ヲ以テ組織ス
第35条　衆議院ハ選挙法ノ定ムル所ニ依リ公選セラレタル議員ヲ以テ組織ス
第36条　何人モ同時ニ両議院ノ議員タルコトヲ得ス
第37条　凡テ法律ハ帝国議会ノ協賛ヲ経ルヲ要ス
第38条　両議院ハ政府ノ提出スル法律案ヲ議決シ及各々法律案ヲ提出スルコトヲ得
第39条　両議院ノ一ニ於テ否決シタル法律案ハ同会期中ニ於テ再ヒ提出スルコトヲ得ス
第40条　両議院ハ法律又ハ其ノ他ノ事件ニ付キ各々其ノ意見ヲ政府ニ建議スルコトヲ得但シ其ノ採納ヲ得サルモノハ同会期中ニ於テ再ヒ建議スルコトヲ得ス
第41条　帝国議会ハ毎年之ヲ召集ス
第42条　帝国議会ハ三箇月ヲ以テ会期トス必要アル場合ニ於テハ勅命ヲ以テ之ヲ延長スルコトアルヘシ
第43条　臨時緊急ノ必要アル場合ニ於テ常会ノ外臨時会ヲ召集スヘシ
2　臨時会ノ会期ヲ定ムルハ勅命ニ依ル
第44条　帝国議会ノ開会閉会会期ノ延長及停会ハ両院同時ニ之ヲ行フヘシ
2　衆議院解散ヲ命セラレタルトキハ貴族院ハ同時ニ停会セラルヘシ
第45条　衆議院解散ヲ命セラレタルトキハ勅令ヲ以テ新ニ議員ヲ選挙セシメ解散ノ日ヨリ五箇月以内ニ之ヲ召集スヘシ
第46条　両議院ハ各々其ノ総議員三分ノ一以上出席スルニ非サレハ議事ヲ開キ議決ヲ為ス事ヲ得ス
第47条　両議院ノ議事ハ過半数ヲ以テ決ス可否同数ナルト

キハ議長ノ決スル所ニ依ル
第48条　両議院ノ会議ハ公開ス但シ政府ノ要求又ハ其ノ院ノ決議ニ依リ秘密会ト為スコトヲ得
第49条　両議院ハ各々天皇ニ上奏スルコトヲ得
第50条　両議院ハ臣民ヨリ呈出スル請願書ヲ受クルコトヲ得
第51条　両議院ハ此ノ憲法及議院法ニ掲クルモノ、外内部ノ整理ニ必要ナル諸規則ヲ定ムルコトヲ得
第52条　両議院ノ議員ハ議院ニ於テ発言シタル意見及表決ニ付院外ニ於テ責ヲ負フコトナシ但シ議員自ラ其ノ言論ヲ演説刊行筆記又ハ其ノ他ノ方法ヲ以テ公布シタルトキハ一般ノ法律ニ依リ処分セラルヘシ
第53条　両議院ノ議員ハ現行犯罪又ハ内乱外患ニ関ル罪ヲ除ク外会期中其ノ院ノ許諾ナクシテ逮捕セラル、コトナシ
第54条　国務大臣及政府委員ハ何時タリトモ各議院ニ出席シ及発言スルコトヲ得

第4章　国務大臣及枢密顧問

第55条　国務各大臣ハ天皇ヲ輔弼シ其ノ責ニ任ス
2　凡テ法律勅令其ノ他国務ニ関ル詔勅ハ国務大臣ノ副署ヲ要ス
第56条　枢密顧問ハ枢密院官制ノ定ムル所ニ依リ天皇ノ諮詢ニ応ヘ重要ノ国務ヲ審議ス

第5章　司法

第57条　司法権ハ天皇ノ名ニ於テ法律ニ依リ裁判所之ヲ行フ
2　裁判所ノ構成ハ法律ヲ以テ之ヲ定ム
第58条　裁判官ハ法律ニ定メタル資格ヲ具フル者ヲ以テ之ニ任ス
2　裁判官ハ刑法ノ宣告又ハ懲戒ノ処分ニ由ルノ外其ノ職ヲ免セラル、コトナシ
3　懲戒ノ条規ハ法律ヲ以テ之ヲ定ム
第59条　裁判ノ対審判決ハ之ヲ公開ス但シ安寧秩序又ハ風俗ヲ害スルノ虞アルトキハ法律ニ依リ又ハ裁判所ノ決議ヲ以テ対審ノ公開ヲ停ムルコトヲ得
第60条　特別裁判所ノ管轄ニ属スヘキモノハ別ニ法律ヲ以テ之ヲ定ム
第61条　行政官庁ノ違法処分ニ由リ権利ヲ傷害セラレタリトスルノ訴訟ニシテ別ニ法律ヲ以テ定メタル行政裁判所ノ

裁判ニ属スヘキモノハ司法裁判所ニ於テ受理スルノ限ニ在ラス

第6章　会計

第62条　新ニ租税ヲ課シ及税率ヲ変更スルハ法律ヲ以テ之ヲ定ムヘシ

2　但シ報償ニ属スル行政上ノ手数料及其ノ他ノ収納金ハ前項ノ限ニ在ラス

3　国債ヲ起シ及予算ニ定メタルモノヲ除ク外国庫ノ負担トナルヘキ契約ヲ為スハ帝国議会ノ協賛ヲ経ヘシ

第63条　現行ノ租税ハ更ニ法律ヲ以テ之ヲ改メサル限ハ旧ニ依リ之ヲ徴収ス

第64条　国家ノ歳出歳入ハ毎年予算ヲ以テ帝国議会ノ協賛ヲ経ヘシ

2　予算ノ款項ニ超過シ又ハ予算ノ外ニ生シタル支出アルトキハ後日帝国議会ノ承諾ヲ求ムルヲ要ス

第65条　予算ハ前ニ衆議院ニ提出スヘシ

第66条　皇室経費ハ現在ノ定額ニ依リ毎年国庫ヨリ之ヲ支出シ将来増額ヲ要スル場合ヲ除ク外帝国議会ノ協賛ヲ要セス

第67条　憲法上ノ大権ニ基ツケル既定ノ歳出及法律ノ結果ニ由リ又ハ法律上政府ノ義務ニ属スル歳出ハ政府ノ同意ナクシテ帝国議会之ヲ廃除シ又ハ削減スルコトヲ得ス

第68条　特別ノ須要ニ因リ政府ハ予メ年限ヲ定メ継続費トシテ帝国議会ノ協賛ヲ求ムルコトヲ得

第69条　避クヘカラサル予算ノ不足ヲ補フ為ニ又ハ予算ノ外ニ生シタル必要ノ費用ニ充ツル為ニ予備費ヲ設クヘシ

第70条　公共ノ安全ヲ保持スル為緊急ノ需用アル場合ニ於テ内外ノ情形ニ因リ政府ハ帝国議会ヲ召集スルコト能ハサルトキハ勅令ニ依リ財政上必要ノ処分ヲ為スコトヲ得

2　前項ノ場合ニ於テハ次ノ会期ニ於テ帝国議会ニ提出シ其ノ承諾ヲ求ムルヲ要ス

第71条　帝国議会ニ於イテ予算ヲ議定セス又ハ予算成立ニ至ラサルトキハ政府ハ前年度ノ予算ヲ施行スヘシ

第72条　国家ノ歳出歳入ノ決算ハ会計検査院之ヲ検査確定シ政府ハ其ノ検査報告ト倶ニ之ヲ帝国議会ニ提出スヘシ

2　会計検査院ノ組織及職権ハ法律ヲ以テ之ヲ定ム

第7章　補則

第73条　将来此ノ憲法ノ条項ヲ改正スルノ必要アルトキハ

勅命ヲ以テ議案ヲ帝国議会ノ議ニ付スヘシ
2　此ノ場合ニ於テ両議院ハ各々其ノ総員三分ノ二以上出席スルニ非サレハ議事ヲ開クコトヲ得ス出席議員三分ノ二以上ノ多数ヲ得ルニ非サレハ改正ノ議決ヲ為スコトヲ得ス
第74条　皇室典範ノ改正ハ帝国議会ノ議ヲ経ルヲ要セス
2　皇室典範ヲ以テ此ノ憲法ノ条規ヲ変更スルコトヲ得ス
第75条　憲法及皇室典範ハ摂政ヲ置クノ間之ヲ変更スルコトヲ得ス
第76条　法律規則命令又ハ何等ノ名称ヲ用ヰタルニ拘ラス此ノ憲法ニ矛盾セサル現行ノ法令ハ総テ遵由ノ効力ヲ有ス
2　歳出上政府ノ義務ニ係ル現在ノ契約又ハ命令ハ総テ第六十七条ノ例ニ依ル

(3) 教育ニ関スル勅語

1890（明治23）年10月30日発布

朕惟フニ我カ皇祖皇宗國ヲ肇ムルコト宏遠ニ徳ヲ樹ツルコト深厚ナリ我カ臣民克ク忠ニ克ク孝ニ億兆心ヲ一ニシテ世々厥ノ美ヲ濟セルハ此レ我カ國體ノ精華ニシテ教育ノ淵源亦實ニ此ニ存ス爾臣民父母ニ孝ニ兄弟ニ友ニ夫婦相和シ朋友相信シ恭儉己レヲ持シ博愛衆ニ及ホシ學ヲ修メ業ヲ習ヒ以テ智能ヲ啓發シ徳器ヲ成就シ進テ公益ヲ廣メ世務ヲ開キ常ニ國憲ヲ重ジ國法ニ遵ヒ一旦緩急アレハ義勇公ニ奉シ以テ天壌無窮ノ皇運ヲ扶翼スヘシ是ノ如キハ獨リ朕カ忠良ノ臣民タルノミナラス又以テ爾祖先ノ遺風ヲ顯彰スルニ足ラン
斯ノ道ハ實ニ我カ皇祖皇宗ノ遺訓ニシテ子孫臣民ノ倶ニ遵守スヘキ所之ヲ古今ニ通シテ謬ラス之ヲ中外ニ施シテ悖ラス朕爾臣民ト倶ニ拳々服膺シテ咸其徳ヲ一ニセンコトヲ庶幾フ
明治二十三年十月三十日
御名御璽

(4) 旧皇室典範

1889（明治22）年2月11日制定

天佑ヲ享有シタル我カ日本帝国ノ宝祚ハ万世一系歴代継承シ以テ朕カ躬ニ至ル惟フニ祖宗肇国ノ初大憲一タヒ定マリ昭ナルコト日星ノ如シ今ノ時ニ当リ宜ク遺訓ヲ明徴ニシ皇家ノ成典ヲ制立シ以テ丕基ヲ永遠ニ鞏固ニスヘシ茲ニ枢密顧問ノ諮詢ヲ経皇室典範ヲ裁定シ朕カ後嗣及子孫ヲシテ遵守スル所アラシム

第1章　皇位継承

第1条　大日本国皇位ハ祖宗ノ皇統ニシテ男系ノ男子之ヲ継承ス

第2条　皇位ハ皇長子ニ伝フ

第3条　皇長子在ラサルトキハ皇長孫ニ伝フ皇長子及其ノ子孫皆在ラサルトキハ皇次子及其ノ子孫ニ伝フ以下皆之ニ例ス

第4条　皇子孫ノ皇位ヲ継承スルハ嫡出ヲ先ニス皇庶子孫ノ皇位ヲ継承スルハ皇嫡子孫皆在ラサルトキニ限ル

第5条　皇子孫皆在ラサルトキハ皇兄弟及其ノ子孫ニ伝フ

第6条　皇兄弟及其ノ子孫皆在ラサルトキハ皇伯叔父及其ノ子孫ニ伝フ

第7条　皇伯叔父及其ノ子孫皆在ラサルトキハ其ノ以上ニ於テ最近親ノ皇族ニ伝フ

第8条　皇兄弟以上ハ同等内ニ於テ嫡ヲ先ニシ庶ヲ後ニシ長ヲ先ニシ幼ヲ後ニス

第9条　皇嗣精神若ハ身体ノ不治ノ重患アリ又ハ重大ノ事故アルトキハ皇族会議及枢密顧問ニ諮詢シ前数条ニ依リ継承ノ順序ヲ換フルコトヲ得

第2章　践祚即位

第10条　天皇崩スルトキハ皇嗣即チ践祚シ祖宗ノ神器ヲ承ク

第11条　即位ノ礼及大嘗祭ハ京都ニ於テ之ヲ行フ

第12条　践祚ノ後元号ヲ建テ一世ノ間ニ再ヒ改メサルコト明治元年ノ定制ニ従フ

第3章　成年立后立太子

第13条　天皇及皇太子皇太孫ハ満十八年ヲ以テ成年トス

第14条　前条ノ外ノ皇族ハ満二十年ヲ以テ成年トス
第15条　儲嗣タル皇子ヲ皇太子トス皇太子在ラサルトキハ儲嗣タル皇孫ヲ皇太孫トス
第16条　皇后皇太子皇太孫ヲ立ツルトキハ詔書ヲ以テ之ヲ公布ス

第４章　敬称

第17条　天皇太皇太后皇太后皇后ノ敬称ハ陛下トス
第18条　皇太子皇太子妃皇太孫皇太孫妃親王親王妃内親王王王妃女王ノ敬称ハ殿下トス

第５章　摂政

第19条　①天皇未タ成年ニ達セサルトキハ摂政ヲ置ク
②天皇久キニ亘ルノ故障ニ由リ大政ヲ親ラスルコト能ハサルトキハ皇族会議及枢密顧問ノ議ヲ経テ摂政ヲ置ク
第20条　摂政ハ成年ニ達シタル皇太子又ハ皇太孫之ニ任ス
第21条　皇太子皇太孫在ラサルカ又ハ未タ成年ニ達セサルトキハ左ノ順序ニ依リ摂政ニ任ス
第一　親王及王
第二　皇后
第三　皇太后
第四　太皇太后
第五　内親王及女王
第22条　皇族男子ノ摂政ニ任スルハ皇位継承ノ順序ニ従フ其ノ女子ニ於ケルモ亦之ニ準ス
第23条　皇族女子ノ摂政ニ任スルハ其ノ配偶アラサル者ニ限ル
第24条　最近親ノ皇族未タ成年ニ達セサルカ又ハ其ノ他ノ事故ニ由リ他ノ皇族摂政ニ任シタルトキハ後来最近親ノ皇族成年ニ達シ又ハ其ノ事故既ニ除クト雖皇太子及皇太孫ニ対スルノ外其ノ任ヲ譲ルコトナシ
第25条　摂政又ハ摂政タルヘキ者精神若ハ身体ノ重患アリ又ハ重大ノ事故アルトキハ皇族会議及枢密顧問ノ議ヲ経テ其ノ順序ヲ換フルコトヲ得

第６章　太傅

第26条　天皇未タ成年ニ達セサルトキハ太傅ヲ置キ保育ヲ掌ラシム
第27条　先帝遺命ヲ以て太傅ヲ任セサリシトキハ摂政ヨリ皇族会議及枢密顧問ニ諮詢シ之ヲ選任ス

第28条　太傅ハ摂政及其ノ子孫之ニ任スルコトヲ得ス

第29条　摂政ハ皇族会議及枢密顧問ニ諮詢シタル後ニ非サレハ太傅ヲ退職セシムルコトヲ得ス

第7章　皇族

第30条　皇族ト称フルハ太皇太后皇太后皇后皇太子皇太子妃皇太孫皇太孫妃親王親王妃内親王王王妃女王ヲ謂フ

第31条　皇子ヨリ皇玄孫ニ至ルマテハ男ヲ親王女ヲ内親王トシ五世以下ハ男ヲ王女ヲ女王トス

第32条　天皇支系ヨリ入テ大統ヲ承クルトキハ皇兄弟姉妹ノ王女王タル者ニ特ニ親王内親王ノ号ヲ宣賜ス

第33条　皇族ノ誕生命名婚嫁薨去ハ宮内大臣之ヲ公告ス

第34条　皇統譜及前条ニ関ル記録ハ図書寮ニ於テ尚蔵ス

第35条　皇族ハ天皇之ヲ監督ス

第36条　摂政在任ノ時ハ前条ノ事ヲ摂行ス

第37条　皇族男女幼年ニシテ父ナキ者ハ宮内ノ官僚ニ命シ保育ヲ掌ラシム事宜ニ依リ天皇ハ其ノ父母ノ選挙セル後見人ヲ認可シ又ハ之ヲ勅選スヘシ

第38条　皇族ノ後見人ハ成年以上ノ皇族ニ限ル

第39条　皇族ノ婚嫁ハ同族又ハ勅旨ニ由リ特ニ認許セラレタル華族ニ限ル

第40条　皇族ノ婚嫁ハ勅許ニ由ル

第41条　皇族ノ婚嫁ヲ許可スルノ勅書ハ宮内大臣之ニ副書ス

第42条　皇族ハ養子ヲ為スコトヲ得ス

第43条　皇族国彊ノ外ニ旅行セムトスルトキハ勅許ヲ請フヘシ

第44条　皇族女子ノ臣籍ニ嫁シタル者ハ皇族ノ列ニ在ラス但シ特旨ニ依リ仍内親王女王ノ称ヲ有セシムルコトアルヘシ

第8章　世伝御料

第45条　土地物件ノ世伝御料ト定メタルモノハ分割譲与スルコトヲ得ス

第46条　世伝御料ニ編入スル土地物件ハ枢密顧問ニ諮詢シ勅書ヲ以テ之ヲ定メ宮内大臣之ヲ公告ス

第9章　皇室経費

第47条　皇室諸般ノ経費ハ特ニ常額ヲ定メ国庫ヨリ支出セシム

第48条　皇室経費ノ予算決算検査及其ノ他ノ規則ハ皇室会計法ノ定ムル所ニ依ル

第10章　皇族訴訟及懲戒

第49条　皇族相互ノ民事ノ訴訟ハ勅旨ニ依リ宮内省ニ於テ裁判員ヲ命シ裁判セシメ勅裁ヲ経テ之ヲ執行ス

第50条　人民ヨリ皇族ニ対スル民事ノ訴訟ハ東京控訴院ニ於テ之ヲ裁判ス但シ皇族ハ代人ヲ以テ訴訟ニ当ラシメ自ラ訟廷ニ出ルヲ要セス

第51条　皇族ハ勅許ヲ得ルニ非サレハ勾引シ又ハ裁判ニ召喚スルコトヲ得ス

第52条　皇族其ノ品位ヲ辱ムルノ所行アリ又ハ皇室ニ対シ忠順ヲ欠クトキハ勅旨ヲ以テ之ヲ懲戒シ其ノ重キ者ハ皇族特権ノ一部又ハ全部ヲ停止シ若ハハク奪スヘシ

第53条　皇族蕩産ノ所行アルトキハ勅旨以テ治産ノ禁ヲ宣告シ其ノ管財者ヲ任スヘシ

第54条　前二条ハ皇族会議ニ諮詢シタル後之ヲ勅裁ス

第11章　皇族会議

第55条　皇族会議ハ成年以上ノ皇族男子ヲ以テ組織シ内大臣枢密院議長宮内大臣司法大臣大審院長ヲ以テ参列セシム

第56条　天皇ハ皇族会議ニ親臨シ又ハ皇族中ノ一員ニ命シテ議長タラシム

第12章　補則

第57条　現在ノ皇族五世以下親王ノ号ヲ宣賜シタル者ハ旧ニ依ル

第58条　皇位継承ノ順序ハ総テ実系ニ依ル現在皇養子皇猶子又ハ他ノ継嗣タルノ故ヲ以テ之ヲ混スルコトナシ

第59条　親王内親王王女王ノ品位ハ之ヲ廃ス

第60条　親王ノ家格及其ノ他此ノ典範ニ牴触スル例規ハ総テ之ヲ廃ス

第61条　皇族ノ財産歳費及諸規則ハ別ニ之ヲ定ムヘシ

第62条　将来此ノ典範ノ条項ヲ改正シ又ハ増補スヘキノ必要アルニ当テハ皇族会議及枢密顧問ニ諮詢シテ之ヲ勅定スヘシ

皇室典範増補（明治40年2月11日）

第1条　王ハ勅旨又ハ情願ニ依リ家名ヲ賜ヒ華族ニ列セシムルコトアルヘシ

第2条　王ハ勅許ニ依リ華族ノ家督相続人トナリ又ハ家督相続ノ目的ヲ以テ華族ノ養子トナルコトヲ得

第3条　前二条ニ依リ臣籍ニ入リタル者ノ妻直系卑属及其ノ妻ハ其ノ家ニ入ル但シ他ノ皇族ニ嫁シタル女子及其ノ直系卑属ハ此ノ限ニ在ラス

第4条　①特権ヲ剥奪セラレタル皇族ハ勅旨ニ由リ臣籍ニ降スコトアルヘシ

②前項ニ依リ臣籍ニ降サレタル者ノ妻ハ其ノ家ニ入ル

第5条　第一条第一条第四条ノ場合ニ於テハ皇族会議及枢密顧問ノ諮詢ヲ経ヘシ

第6条　皇族ノ臣籍ニ入リタル者ハ皇族ニ復スルコトヲ得ス

第7条　①皇族ノ身位其ノ他ノ権義ニ関スル規程ハ此ノ典範ニ定メタルモノノ外別ニ之ヲ定ム

②皇族ト人民トニ渉ル事項ニシテ各々適用スヘキ法規ヲ異ニスルトキハ前項ノ規程ニ依ル

第8条　法律命令中皇族ニ適用スヘキモノトシタル規定ハ此ノ典範又ハ之ニ基ツキ発スル規則ニ別段ノ条規ナキトキニ限リ之ヲ適用ス

皇室典範増補（大正7年11月28日）

皇族女子ハ王族又ハ公族ニ嫁スルコトヲ得

皇室典範及皇室典範増補廃止ノ件（昭和22年5月1日）

明治二十二年裁定ノ皇室典範並ニ明治四十年及大正七年裁定ノ皇室典範増補ハ昭和二十二年五月二日限リ之ヲ廃止ス

(5) 改正皇室典範

1947(昭和22)年1月16日制定

第1章　皇位継承

第1条　皇位は、皇統に属する男系の男子が、これを継承する。

第2条　①皇位は、皇統に属する男系の男子が、これを継承する。

一　皇長子
二　皇長孫
三　その他の皇長子の子孫
四　皇次子及びその子孫
五　その他の皇子孫
六　皇兄弟及びその子孫
七　皇伯叔父及びその子孫

②前項各号の皇族がないときは、皇位は、それ以上で、最近親の系統の皇族に、これを伝える。

③前二項の場合においては、長系を先にし、同等内では、長を先にする。

第3条　皇嗣に、精神若しくは身体の不治の重患があり、又は重大な事故があるときは、皇室会議の議により、前条に定める順序に従って、皇位継承の順序を変えることができる。

第4条　天皇が崩じたときは、皇嗣が、直ちに即位する。

第2章　皇族

第5条　皇后、太皇太后、皇太后、親王、親王妃、内親王、王、王妃及び女王を皇族とする。

第6条　嫡出の皇子及び嫡男系嫡出の皇孫は、男を親王、女を内親王とし、三世以下の嫡男系嫡出の子孫は、男を王、女を女王とする。

第7条　王が皇位を継承したときは、その兄弟姉妹たる王及び女王は、特にこれを親王及び内親王とする。

第8条　皇嗣たる皇子を皇太子という。皇太子のないときは、皇嗣たる皇孫を皇太孫という。

第9条　天皇及び皇族は、養子をすることができない。

第10条　立后及び皇族男子の婚姻は、皇室会議の議を経ることを要する。

第11条　①年齢十五年以上の内親王、王及び女王は、その意思に基き、皇室会議の議により、皇族の身分を離れる。
②親王（皇太子及び皇太孫を除く。）、内親王、王及び女王は、前項の場合の外、やむを得ない特別の事由があるときは、皇室会議の議により、皇族の身分を離れる。
第12条　皇族女子は、天皇及び皇族以外の者と婚姻したときは、皇族の身分を離れる。
第13条　皇族の身分を離れる親王又は王の妃並びに直系卑属及びその妃は、他の皇族と婚姻した女子及びその直系卑属を除き、同時に皇族の身分を離れる。但し、直系卑属及びその妃については、皇室会議の議により、皇族の身分を離れないものとすることができる。
第14条　①皇族以外の女子で親王妃又は王妃となった者が、その夫を失ったときは、その意思により、皇族の身分を離れることができる。
②前項の者が、その夫を失ったときは、同項による場合の外、やむを得ない特別の事由があるときは、皇室会議の議により、皇族の身分を離れる。
③第一項の者は、離婚したときは、皇族の身分を離れる。
④第一項及び前項の規定は、前条の他の皇族と婚姻した女子に、これを準用する。
第15条　皇族以外の者及びその子孫は、女子が皇后となる場合及び皇族男子と婚姻する場合を除いては、皇族となることがない。

第3章　摂政

第16条　①天皇が成年に達しないときは、摂政を置く。
②天皇が、精神若しくは身体の重患又は重大な事故により、国事に関する行為をみずからすることができないときは、皇室会議の議により、摂政を置く。
第17条　①摂政は、左の順序により、成年に達した皇族が、これに就任する。
一　皇太子又は皇太孫
二　親王及び王
三　皇后
四　皇太后
五　太皇太后
六　内親王及び女王
②前項第2号の場合においては、皇位継承の順序に従い、同項第6号の場合においては、皇位継承の順序に準ずる。
第18条　摂政又は摂政となる順位にあたる者に、精神若し

くは身体の重患があり、又は重大な事故があるときは、皇室会議の議により、前条に定める順序に従って、摂政又は摂政となる順序を変えることができる。
第19条　摂政となる順位にあたる者が、成年に達しないため、又は前条の故障があるために、他の皇族が、摂政となったときは、先順位にあたっていた皇族が、成年に達し、又は故障がなくなったときでも、皇太子又は皇太孫に対する場合を除いては、摂政の任を譲ることがない。
第20条　第16条第2項の故障がなくなったときは、皇室会議の議により、摂政を廃する。
第21条　摂政は、その在任中、訴追されない。但し、これがため、訴追の権利は、害されない。

第4章　成年、敬称、即位の礼、大喪の礼、皇統譜及び陵墓

第22条　天皇、皇太子及び皇太孫の成年は、十八年とする。
第23条　①天皇、皇后、太皇太后及び皇太后の敬称は、陛下とする。
②前項の皇族以外の皇族の敬称は、殿下とする。
第24条　皇位の継承があったときは、即位の礼を行う。
第25条　天皇が崩じたときは、大喪の礼を行う。
第26条　天皇及び皇族の身分に関する事項は、これを皇統譜に登録する。
第27条　天皇、皇后、太皇太后及び皇太后を葬る所を陵、その他の皇族を葬る所を墓とし、陵及び墓に関する事項は、これを陵籍及び墓籍に登録する。

第5章　皇室会議

第28条　①皇室会議は、議員十人でこれを組織する。
②議員は、皇族二人、衆議院及び参議院の議長及び副議長、内閣総理大臣、宮内庁の長並びに最高裁判所の長たる裁判官及びその他の裁判官一人を以て、これに充てる。
③議員となる皇族及び最高裁判所の長たる裁判官以外の裁判官は、各々成年に達した皇族又は最高裁判所の長たる裁判官以外の裁判官の互選による。
第29条　内閣総理大臣たる議員は、皇室会議の議長となる。
第30条　①皇室会議に、予備議員十人を置く。
②皇族及び最高裁判所の裁判官たる議員の予備議員については、第28条第3項の規定を準用する。
③衆議院及び参議院の議長及び副議長たる議員の予備議員

は、各衆議院及び参議院の議員の互選による。
④前2項の予備議員の員数は、各その議員の員数と同数とし、その職務を行う順序は、互選の際、これを定める。
⑤内閣総理大臣たる議員の予備議員は、内閣法の規定により臨時に内閣総理大臣の職務を行う者として指定された国務大臣を以て、これに充てる。
⑥宮内庁の長たる議員の予備議員は、内閣総理大臣の指定する宮内庁の官吏を以て、これに充てる。
⑦議員に事故のあるとき、又は議員が欠けたときは、その予備議員が、その職務を行う。
第31条　第28条及び前条において、衆議院の議長、副議長又は議員とあるのは、衆議院が解散されたときは、後任者の定まるまでは、各々解散の際衆議院の議長、副議長又は議員であった者とする。
第32条　皇族及び最高裁判所の長たる裁判官以外の裁判官たる議員及び予備議員の任期は、四年とする。
第33条　①皇室会議は、議長が、これを招集する。
②皇室会議は、第3条、第16条第2項、第18条及び第20条の場合には、四人以上の議員の要求があるときは、これを招集することを要する。
第34条　皇室会議は、六人以上の議員の出席がなければ、議事を開き議決することができない。
第35条　①皇室会議の議事は、第3条、第16条第2項、第18条及び第20条の場合には、出席した議員の三分の二以上の多数でこれを決し、その他の場合には、過半数でこれを決する。
②前項後段の場合において、可否同数のときは、議長の決するところによる。
第36条　議員は、自分の利害に特別の関係のある議事には、参与することができない。
第37条　皇室会議は、この法律及び他の法律に基く権限のみを行う。

（6）旧教育基本法

１９４７（昭和22）年３月31日公布・施行

前文　われらは、さきに、日本国憲法を確定し、民主的で文化的な国家を建設して、世界の平和と人類の福祉に貢献しようとする決意を示した。この理想の実現は、根本において教育の力にまつべきものである。

われらは、個人の尊厳を重んじ、真理と平和を希求する人間の育成を期するとともに、普遍的にしてしかも個性ゆたかな文化の創造をめざす教育を普及徹底しなければならない。

ここに、日本国憲法の精神に則り、教育の目的を明示して、新しい日本の教育の基本を確立するため、この法律を制定する。

第1条　教育は、人格の完成をめざし、平和的な国家及び社会の形成者として、真理と正義を愛し、個人の価値をたつとび、勤労と責任を重んじ、自主的精神に充ちた心身ともに健康な国民の育成を期して行われなければならない。

第2条　教育の目的は、あらゆる機会に、あらゆる場所において実現されなければならない。この目的を達成するためには、学問の自由を尊重し、実際生活に即し、自発的精神を養い、自他の敬愛と協力によつて、文化の創造と発展に貢献するように努めなければならない。

第3条　すべて国民は、ひとしく、その能力に応ずる教育を受ける機会を与えられなければならないものであつて、人種、信条、性別、社会的身分、経済的地位又は門地によつて、教育上差別されない。

2　国及び地方公共団体は、能力があるにもかかわらず、経済的理由によつて修学困難な者に対して、奨学の方法を講じなければならない。

第4条　国民は、その保護する子女に、九年の普通教育を受けさせる義務を負う。

2　国又は地方公共団体の設置する学校における義務教育については、授業料は、これを徴収しない。

第5条　男女は、互に敬重し、協力し合わなければならないものであつて、教育上男女の共学は、認められなければならない。

第6条　法律に定める学校は、公の性質をもつものであつて、国又は地方公共団体の外、法律に定める法人のみが、これを設置することができる。

2　法律に定める学校の教員は、全体の奉仕者であつて、自己の使命を自覚し、その職責の遂行に努めなければならない。このためには、教員の身分は、尊重され、その待遇の適正が、期せられなければならない。

第7条　家庭教育及び勤労の場所その他社会において行われる教育は、国及び地方公共団体によつて奨励されなければならない。

2　国及び地方公共団体は、図書館、博物館、公民館等の施設の設置、学校の施設の利用その他適当な方法によつて教育の目的の実現に努めなければならない。

第8条　良識ある公民たるに必要な政治的教養は、教育上これを尊重しなければならない。

2　法律に定める学校は、特定の政党を支持し、又はこれに反対するための政治教育その他政治的活動をしてはならない。

第9条　宗教に関する寛容の態度及び宗教の社会生活における地位は、教育上これを尊重しなければならない。

2　国及び地方公共団体が設置する学校は、特定の宗教のための宗教教育その他宗教的活動をしてはならない。

第10条　教育は、不当な支配に服することなく、国民全体に対し直接に責任を負つて行われるべきものである。

2　教育行政は、この自覚のもとに、教育の目的を遂行するに必要な諸条件の整備確立を目標として行われなければならない。

第11条　この法律に掲げる諸条項を実施するために必要がある場合には、適当な法令が制定されなければならない。

（7）改正教育基本法

2006（平成18）年12月22日公布・施行

前文　我々日本国民は、たゆまぬ努力によって築いてきた民主的で文化的な国家を更に発展させるとともに、世界の平和と人類の福祉の向上に貢献することを願うものである。

我々は、この理想を実現するため、個人の尊厳を重んじ、真理と正義を希求し、公共の精神を尊び、豊かな人間性と創造性を備えた人間の育成を期するとともに、伝統を継承し、新しい文化の創造を目指す教育を推進する。

ここに、我々は、日本国憲法の精神にのっとり、我が国の未来を切り拓く教育の基本を確立し、その振興を図るため、この法律を制定する。

第1条　教育は、人格の完成を目指し、平和で民主的な国家及び社会の形成者として必要な資質を備えた心身ともに健康な国民の育成を期して行われなければならない。

第2条　教育は、その目的を実現するため、学問の自由を尊重しつつ、次に掲げる目標を達成するよう行われるものとする。

一　幅広い知識と教養を身に付け、真理を求める態度を養い、豊かな情操と道徳心を培うとともに、健やかな身体を養うこと。

二　個人の価値を尊重して、その能力を伸ばし、創造性を培い、自主及び自律の精神を養うとともに、職業及び生活との関連を重視し、勤労を重んずる態度を養うこと。

三　正義と責任、男女の平等、自他の敬愛と協力を重んずるとともに、公共の精神に基づき、主体的に社会の形成に参画し、その発展に寄与する態度を養うこと。

四　生命を尊び、自然を大切にし、環境の保全に寄与する態度を養うこと。

五　伝統と文化を尊重し、それらをはぐくんできた我が国と郷土を愛するとともに、他国を尊重し、国際社会の平和と発展に寄与する態度を養うこと。

第3条　国民一人一人が、自己の人格を磨き、豊かな人生を送ることができるよう、その生涯にわたって、あらゆる機会に、あらゆる場所において学習することができ、その成果を適切に生かすことのできる社会の実現が図られなければならない。

第4条　すべて国民は、ひとしく、その能力に応じた教育を受ける機会を与えられなければならず、人種、信条、性別、社会的身分、経済的地位又は門地によって、教育上差別されない。

2　国及び地方公共団体は、障害のある者が、その障害の状態に応じ、十分な教育を受けられるよう、教育上必要な支援を講じなければならない。

3　国及び地方公共団体は、能力があるにもかかわらず、経済的理由によって修学が困難な者に対して、奨学の措置を講じなければならない。

第5条　国民は、その保護する子に、別に法律で定めるところにより、普通教育を受けさせる義務を負う。

2　義務教育として行われる普通教育は、各個人の有する能力を伸ばしつつ社会において自立的に生きる基礎を培い、また、国家及び社会の形成者として必要とされる基本的な資質を養うことを目的として行われるものとする。

3　国及び地方公共団体は、義務教育の機会を保障し、その水準を確保するため、適切な役割分担及び相互の協力の下、その実施に責任を負う。

4　国又は地方公共団体の設置する学校における義務教育については、授業料を徴収しない。

第6条　法律に定める学校は、公の性質を有するものであって、国、地方公共団体及び法律に定める法人のみが、これを設置することができる。

2　前項の学校においては、教育の目標が達成されるよう、教育を受ける者の心身の発達に応じて、体系的な教育が組織的に行われなければならない。この場合において、教育を受ける者が、学校生活を営む上で必要な規律を重んずるとともに、自ら進んで学習に取り組む意欲を高めることを重視して行われなければならない。

第7条　大学は、学術の中心として、高い教養と専門的能力を培うとともに、深く真理を探究して新たな知見を創造し、これらの成果を広く社会に提供することにより、社会の発展に寄与するものとする。

2　大学については、自主性、自律性その他の大学における教育及び研究の特性が尊重されなければならない。

第8条　私立学校の有する公の性質及び学校教育において果たす重要な役割にかんがみ、国及び地方公共団体は、その自主性を尊重しつつ、助成その他の適当な方法によって私立学校教育の振興に努めなければならない。

第9条　法律に定める学校の教員は、自己の崇高な使命を深く自覚し、絶えず研究と修養に励み、その職責の遂行に努めなければならない。
2　前項の教員については、その使命と職責の重要性にかんがみ、その身分は尊重され、待遇の適正が期せられるとともに、養成と研修の充実が図られなければならない。
第10条　父母その他の保護者は、子の教育について第一義的責任を有するものであって、生活のために必要な習慣を身に付けさせるとともに、自立心を育成し、心身の調和のとれた発達を図るよう努めるものとする。
2　国及び地方公共団体は、家庭教育の自主性を尊重しつつ、保護者に対する学習の機会及び情報の提供その他の家庭教育を支援するために必要な施策を講ずるよう努めなければならない。
第11条　幼児期の教育は、生涯にわたる人格形成の基礎を培う重要なものであることにかんがみ、国及び地方公共団体は、幼児の健やかな成長に資する良好な環境の整備その他適当な方法によって、その振興に努めなければならない。
第12条　個人の要望や社会の要請にこたえ、社会において行われる教育は、国及び地方公共団体によって奨励されなければならない。
2　国及び地方公共団体は、図書館、博物館、公民館その他の社会教育施設の設置、学校の施設の利用、学習の機会及び情報の提供その他の適当な方法によって社会教育の振興に努めなければならない。
第13条　学校、家庭及び地域住民その他の関係者は、教育におけるそれぞれの役割と責任を自覚するとともに、相互の連携及び協力に努めるものとする。
第14条　良識ある公民として必要な政治的教養は、教育上尊重されなければならない。
2　法律に定める学校は、特定の政党を支持し、又はこれに反対するための政治教育その他政治的活動をしてはならない。
第15条　宗教に関する寛容の態度、宗教に関する一般的な教養及び宗教の社会生活における地位は、教育上尊重されなければならない。
2　国及び地方公共団体が設置する学校は、特定の宗教のための宗教教育その他宗教的活動をしてはならない。
第16条　教育は、不当な支配に服することなく、この法律及び他の法律の定めるところにより行われるべきものであり、教育行政は、国と地方公共団体との適切な役割分担及び相互の協力の下、公正かつ適正に行われなければならない。

2　国は、全国的な教育の機会均等と教育水準の維持向上を図るため、教育に関する施策を総合的に策定し、実施しなければならない。

3　地方公共団体は、その地域における教育の振興を図るため、その実情に応じた教育に関する施策を策定し、実施しなければならない。

4　国及び地方公共団体は、教育が円滑かつ継続的に実施されるよう、必要な財政上の措置を講じなければならない。

第17条　政府は、教育の振興に関する施策の総合的かつ計画的な推進を図るため、教育の振興に関する施策についての基本的な方針及び講ずべき施策その他必要な事項について、基本的な計画を定め、これを国会に報告するとともに、公表しなければならない。

2　地方公共団体は、前項の計画を参酌し、その地域の実情に応じ、当該地方公共団体における教育の振興のための施策に関する基本的な計画を定めるよう努めなければならない。

第18条　この法律に規定する諸条項を実施するため、必要な法令が制定されなければならない。

（8）天皇の退位等に関する皇室典範特例法

2017（平成29）年6月16日公布
2019（平成31）年4月30日施行

第1条　この法律は、天皇陛下が、昭和六十四年一月七日の御即位以来二十八年を超える長期にわたり、国事行為のほか、全国各地への御訪問、被災地のお見舞いをはじめとする象徴としての公的な御活動に精励してこられた中、八十三歳と御高齢になられ、今後これらの御活動を天皇として自ら続けられることが困難となることを深く案じておられること、これに対し、国民は、御高齢に至るまでこれらの御活動に精励されている天皇陛下を深く敬愛し、この天皇陛下のお気持ちを理解し、これに共感していること、さらに、皇嗣である皇太子殿下は、五十七歳となられ、これまで国事行為の臨時代行等の御公務に長期にわたり精勤されておられることという現下の状況に鑑み、皇室典範（昭和二十二年法律第三号）第四条の規定の特例として、天皇陛下の退位及び皇嗣の即位を実現するとともに、天皇陛下の退位後の地位その他の退位に伴い必要となる事項を定めるものとする。

第2条　天皇は、この法律の施行の日限り、退位し、皇嗣が、直ちに即位する。

第3条　前条の規定により退位した天皇は、上皇とする。

2　上皇の敬称は、陛下とする。

3　上皇の身分に関する事項の登録、喪儀及び陵墓については、天皇の例による。

4　上皇に関しては、前二項に規定する事項を除き、皇室典範（第二条、第二十八条第二項及び第三項並びに第三十条第二項を除く。）に定める事項については、皇族の例による。

第4条　上皇の后は、上皇后とする。

2　上皇后に関しては、皇室典範に定める事項については、皇太后の例による。

第5条　第二条の規定による皇位の継承に伴い皇嗣となった皇族に関しては、皇室典範に定める事項については、皇太子の例による。

附則抄

第1条　この法律は、公布の日から起算して三年を超えない範囲内において政令で定める日から施行する。ただし、第一条並びに次項、次条、附則第八条及び附則第九条の規定は公布の日から、附則第十条及び第十一条の規定はこの法律の施行の日の翌日から施行する。
2　前項の政令を定めるに当たっては、内閣総理大臣は、あらかじめ、皇室会議の意見を聴かなければならない。
第2条　この法律は、この法律の施行の日以前に皇室典範第四条の規定による皇位の継承があったときは、その効力を失う。
第3条　皇室典範の一部を次のように改正する。
附則に次の一項を加える。
この法律の特例として天皇の退位について定める天皇の退位等に関する皇室典範特例法（平成二十九年法律第六十三号）は、この法律と一体を成すものである。
第4条　上皇に関しては、次に掲げる事項については、天皇の例による。
一　刑法（明治四十年法律第四十五号）第二編第三十四章の罪に係る告訴及び検察審査会法（昭和二十三年法律第百四十七号）の規定による検察審査員の職務
二　前号に掲げる事項のほか、皇室経済法（昭和二十二年法律第四号）その他の政令で定める法令に定める事項
2　上皇に関しては、前項に規定する事項のほか、警察法（昭和二十九年法律第百六十二号）その他の政令で定める法令に定める事項については、皇族の例による。
3　上皇の御所は、国会議事堂、内閣総理大臣官邸その他の国の重要な施設等、外国公館等及び原子力事業所の周辺地域の上空における小型無人機等の飛行の禁止に関する法律（平成二十八年法律第九号）の規定の適用については、同法第二条第一項第一号ホに掲げる施設とみなす。
第5条　上皇后に関しては、次に掲げる事項については、皇太后の例による。
一　刑法第二編第三十四章の罪に係る告訴及び検察審査会法の規定による検察審査員の職務
二　前号に掲げる事項のほか、皇室経済法その他の政令で定める法令に定める事項
第6条　第二条の規定による皇位の継承に伴い皇嗣となった皇族に対しては、皇室経済法第六条第三項第一号の規定にかかわらず、同条第一項の皇族費のうち年額によるものとして、同項の定額の三倍に相当する額の金額を毎年支出するものとする。この場合において、皇室経済法施行法

（昭和二十二年法律第百十三号）第十条の規定の適用については、同条第一項中「第四項」とあるのは、「第四項並びに天皇の退位等に関する皇室典範特例法（平成二十九年法律第六十三号）附則第六条第一項前段」とする。

2　附則第四条第三項の規定は、第二条の規定による皇位の継承に伴い皇嗣となった皇族の御在所について準用する。

第7条　第二条の規定により皇位の継承があった場合において皇室経済法第七条の規定により皇位とともに皇嗣が受けた物については、贈与税を課さない。

2　前項の規定により贈与税を課さないこととされた物については、相続税法（昭和二十五年法律第七十三号）第十九条第一項の規定は、適用しない。

第8条　次に掲げる政令を定める行為については、行政手続法（平成五年法律第八十八号）第六章の規定は、適用しない。

一　第二条の規定による皇位の継承に伴う元号法（昭和五十四年法律第四十三号）第一項の規定に基づく政令

二　附則第四条第一項第二号及び第二項、附則第五条第二号並びに次条の規定に基づく政令

第9条　この法律に定めるもののほか、この法律の施行に関し必要な事項は、政令で定める。

思索者 21
〔著者代表〕土屋英雄（つちや・ひでお）
神戸大学大学院教授を経て筑波大学大学院教授。現在は、筑波大学名誉教授。
これまで、（中国）北京日本学研究センター、（豪州）クィーンズランド大学ロースクール、（米国）コロンビア大学ロースクール、（スイス）ジュネーブ大学複合学部において客員教員ないし客員研究員。

天皇と神道の政治利用——明治以降の天皇制の根源的問題

2019年10月20日　初版第1刷発行

著者 ——思索者21〔代表：土屋英雄〕
発行者 —平田　勝
発行 ——花伝社
発売 ——共栄書房
〒101-0065　東京都千代田区西神田2-5-11出版輸送ビル2F
電話　03-3263-3813
FAX　03-3239-8272
E-mail　info@kadensha.net
URL　http://www.kadensha.net
振替 ——00140-6-59661
装幀 ——黒瀬章夫（ナカグログラフ）
印刷・製本—中央精版印刷株式会社

ISBN978-4-7634-0904-1 C0036